JN408724

이정일 시집

이정일 선생 팔순기념시집

흔적

이정일 시집

네 발밑에 모래알 같이 많이 쌓인 그 모래들,
네 주위에 있는 그 많은 몽돌이 된 돌덩이들 그 전부가 다
내가 왔다 간 흔적이라네.
바보 같은 바위야,
그래서 인간들은 너를 보고 바구라 한단다.

문학공원

CONTENTS

2부. 이씨 아저씨 귀하

CONTENTS

3부. 고향까마귀

4부. 삼성산 가는 길

추/천/사

서(序)에 붙여

강 희 근(시인 · 경상대 명예교수 · 전 한국문협 부이사장)

이정일 선생은 고전을 읽은 고전주의자이지만 현대를 외면하는 분이 아니고 때로는 오히려 첨단적 사고에도 뒤떨어지지 않는 감각파이기도 합니다. 그 감각이 시를 쓰게 하는 힘이 된다고 할 것입니다. 그는 동양의 시관에 더 많이 접맥되어 고사나 전통의 세계를 시적 맥락에 이입시키는 것이 장점으로 꼽히고 있습니다. 그러면서도 사물로서의 이미지 창출에 열성을 보인다는 점이 눈여겨 볼 대목입니다. 그런 특징은 최근 디카시가 가는 길에 일정 부분 연결되어 나타납니다.

사진이 있고 그 사진이 지시하는 원초적 이미지를 네다섯 줄 정도로 줄여 표현하는 점이 디카시 이론에 부합되는 것입니다. 이런 시를 쓰기 위해서 우선 사진을 구도에 맞춰 잘 찍어야 하고 이어 직관으로 신의 자연에 놓이는 본질을 꿰뚫어 보아야 하는 것입니다. 선생을 감각파라 하는 까닭이 여기에 있습니다.

털지 마라
먼지 난다
무엇을 털 것이냐
무엇 나오라고 털 것이냐
천 년의 바위도 먼지 되어 없어지느니
황하의 누른 물도 먼지 되어 없어지느니
무엇 나오라고 털 것이냐
이 세상에 먼지 되지 않을 것 무엇 있으리

- 「무(無)」 앞 부분

이 시는 그런 감각과는 다르게 교시적(敎示的)인 관념을 드러냅니다. 말하자면 전통이요 인생론적입니다. 오늘에 와서 이와 같은 세계는 독자들에게는 오히려 후진 느낌을 줄 부분도 있을 것이나 문학이 체험이라는 논리에서 볼 때 통과의례의 하나입니다. 이정일 시인은 이런 과정상의 방법론에서 시를 시작하는 분들 중의 한 분입니다.

이 시인의 고향은 경남 거제시입니다. 우리나라 풍광의 1번지이자 역사와 산업의 현장입니다. 선생의 문학이 비록 시작은 잔잔한 물결 같지만 앞으로 저 고향에서 먼 태평양 바다를 내다보듯이 그렇게 창대한 세계로 나가서 누구나 우러러 보는 문업을 완성하리라 믿습니다. 처녀시집 발간을 진심으로 축하드립니다.

추/천/사

언제나 뜨거운 열정 그대로

이 혜 선(시인 · 문학박사 · 한국문협 부이사장)

이정일 시인께서 첫 시집 상재를 앞두고 서문을 청해오셨습니다. 모든 면에서 부족한 사람이지만 한국문인협회 평생교육원에서 함께 공부한 인연을 소중하게 생각함에서인 듯합니다.

이번에 산수(傘壽)를 맞으시는 이정일 시인은 성공한 생활인일 뿐 아니라 예능면에서도 일가를 이룬 분입니다.

서예가, 색소폰연주가, 산악인 등 다양한 활동으로 볼 때 그러하고 늦게 등단한 시인의 길에서도 그러합니다. 특히 자유시와 디카시를 함께 창작하는 대단한 열정으로 노익장을 과시하고 계십니다.

그의 시에서는 삶에 대한 관조와, 물 흐르는 듯한 자연의 이법을 따르는 연륜의 깊이를 느낄 수 있습니다. 고사(古事)를 차용하는 용사(用事)와, 속담 격언 전설 등의 차용으로 선조들의 삶에서 배우는 깊이 등 젊은 시인이 따라가지 못하는 독특한 개성적인 시세계를 지니고 있습니다. 그런가 하면 서정만 노래하지 않고 적당한 풍자와 비판의 쓴 소리도 마다하지 않습니다.

시인은 또 고향사랑이 대단한데, 고향의 방언을 살려서 쓴 시는 감칠맛을 더해주고 있습니다. 이는 사라져가는 방언을 통해서 지방 고유의 언어와 관습 등을 되살리고 보존하는 귀한 작업이라 생각됩니다. 필자와는 서부경남의 같은 방언권에 속하는지라 내 고향방언이 사용된 작품에서 더 반가움이 일어납니다.

시인은 이번 산수기념시집 출간을 계기로 내년, 후년에도 계속 시서집(詩書集) 출간 계획을 가지고 있다고 하니 앞으로 선생님의 시세계가 더욱 깊어지고 넓어지리라 믿고 기대합니다.

"시를 쓰는 마음은/ 항상 뜨거워야 한다네"(「진주팔경 독후감」)라고 시에서 스스로 노래하였듯이 나이를 의식하지 않는 뜨거운 열정을 지니고 있으니 가능한 일일 것입니다.

산수(傘壽)맞으심과 시집상재를 거듭 축하드립니다.

아무쪼록 더욱 건강하시어 샘솟듯 하는 시심을 더 많이 길어내시고, 행복과 보람 가득한 시간을 오래 누리시기를 기원합니다.

책을 펴내며

영광의 아침

기회는 기다려주는 사람에게 간다고 했던가요. 나는 어떤 사람들 보다 앞서는 재주는 아무것 없습니다. 다만 어릴 적부터 책을 좋아하여 항상 책을 옆에 두고 있었습니다.

그 오랜 세월 동안 잡지에 불과 할망정 그 많은 책을 접하다 보니 생각이 점점 복잡해지고 총명기가 흐려지는 느낌이 생겼습니다. 전문적인 방법을 생각 한 것이 시를 한번 써봐야겠다고 생각하게 되었습니다.

하여 스승을 찾아 헤매일 적 어떤 경로로 해서 한국문인협회 부사장이신 강희근 박사님을 전화로서 만날 수 있는 기회가 생겨 박사님께 거두절미하고 시 공부를 하고 싶다고 청해서 강 박사님을 만나고, 김순진 이혜선 세 분 시인님으로부터 열심히 공부는 했습니다.

신인 등단에 영광의 꽃다발을 받고 시집까지 출판하자니 감사한 마음을 어떻게 표현 할 방법을 잘 모르겠습니다. 그 동안 세 분 교수님께 큰 절을 올립니다

시를 써 보겠다고 떨리는 몸으로 엉거주춤할 적에 손을 잡아 주겠노라고 하시던 유림 시인님 감사합니다. 학우 중에서도 제일 연장자이신 김태호 시인님, 시의 깊음을 가지신 안성우 시인님. 언제나 밝으신 김경희 시인님, 항상 벗이고 싶은 김재농 시인님, 늘 솔선수범하며 도와주시던 이본 시인님 외 많은 여러분의 덕분으로 제가 이만큼 컸다는 걸 솔직하게 시인합니다

서투른 글씨를 바로 잡아주고 협조해주신 나의 내자 나정자 여사 에게도 감사하고, 머-언 미국 땅에 살면서 발전을 빌어주는 내 자식 이지혜. 사위 이종석. 외손녀 이아인 미국에 같이 살고 계신 내 사돈어른께도 깊은 감사를 드립니다.

2020년 여름

이 정 일 배상

이정일 선생의 서예작품

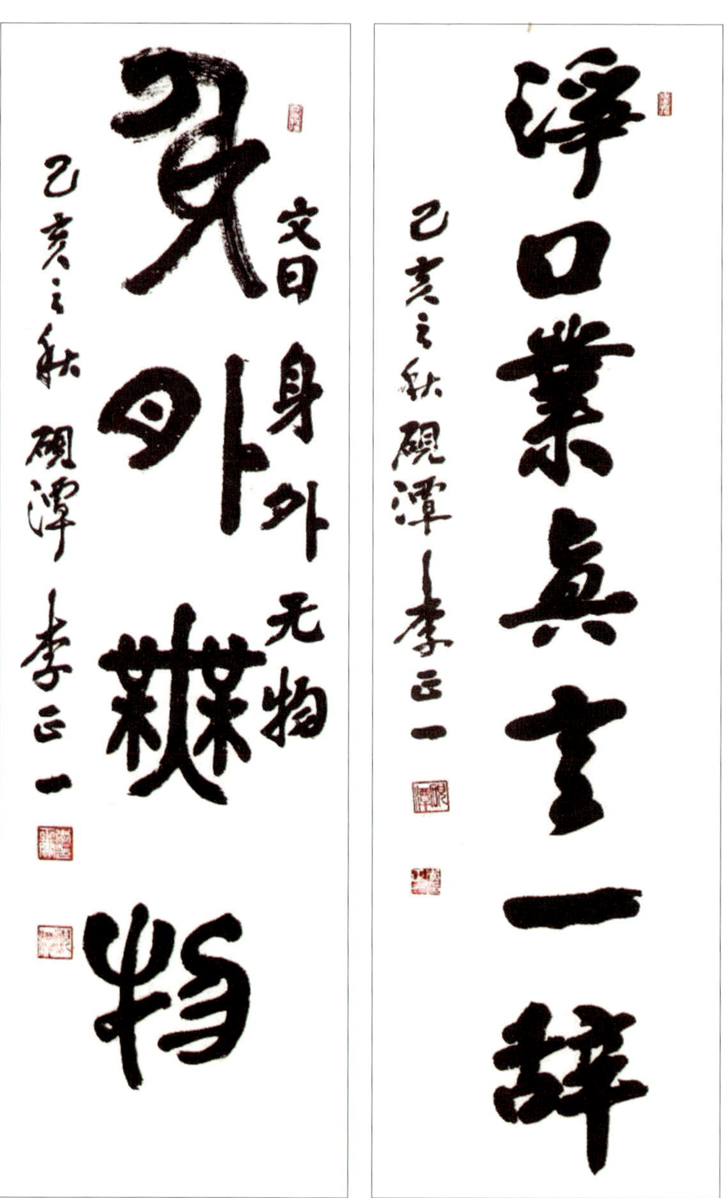

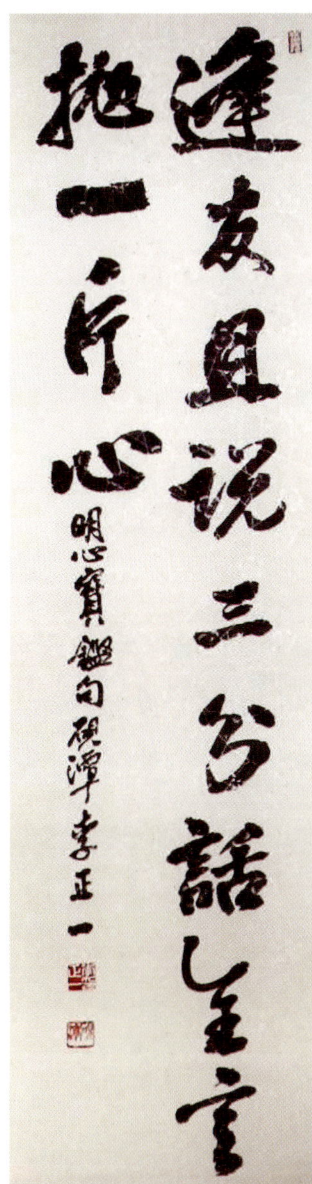

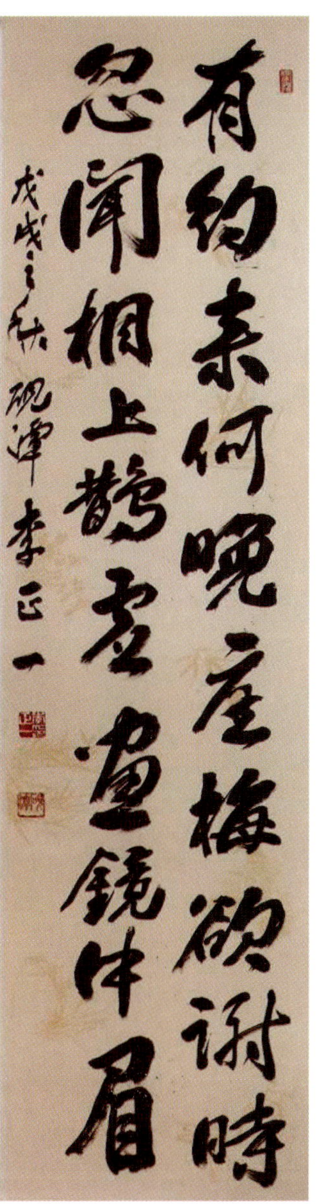

이정일 선생의 서예작품

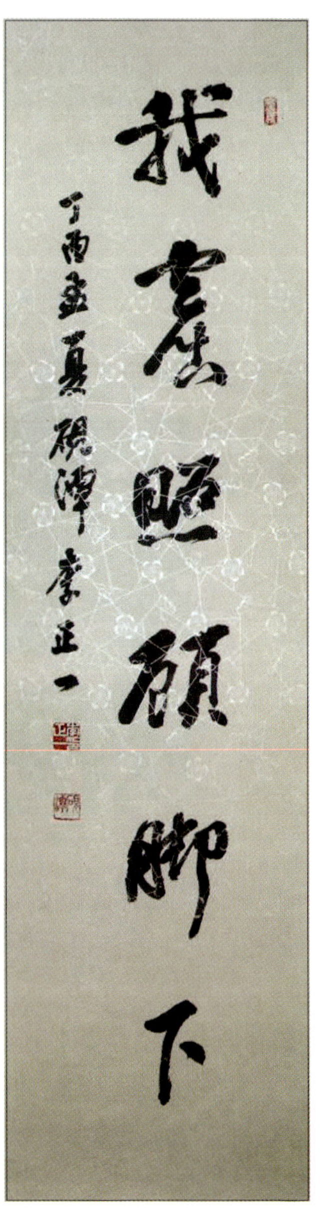

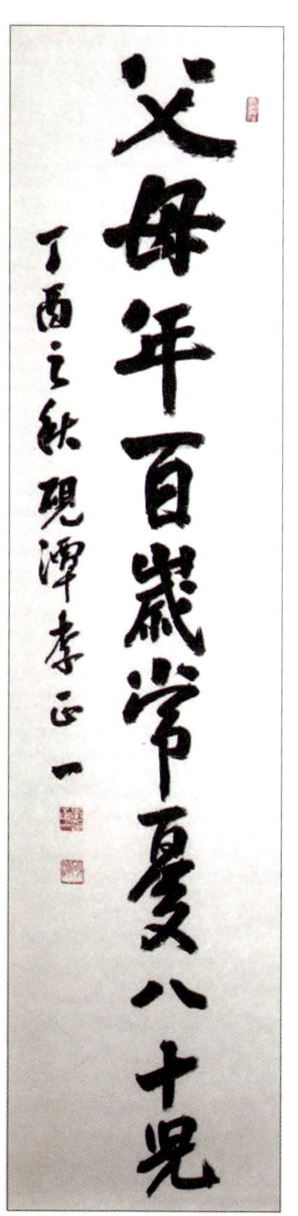
父母年百歲常憂八十兒
丁酉之秋 現潭 李正一

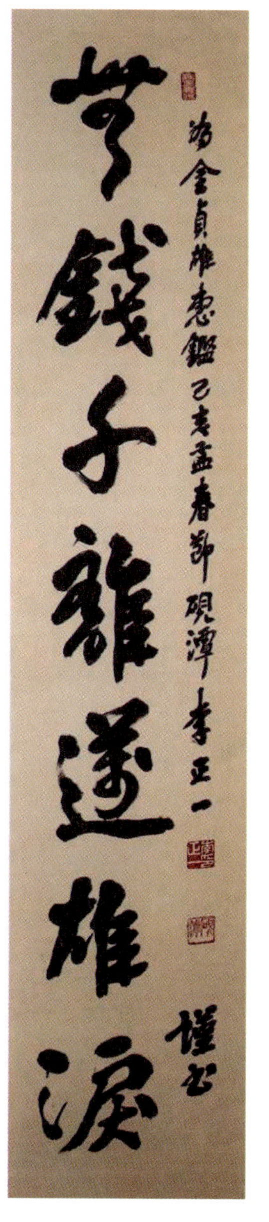

이정일 선생의 서예작품

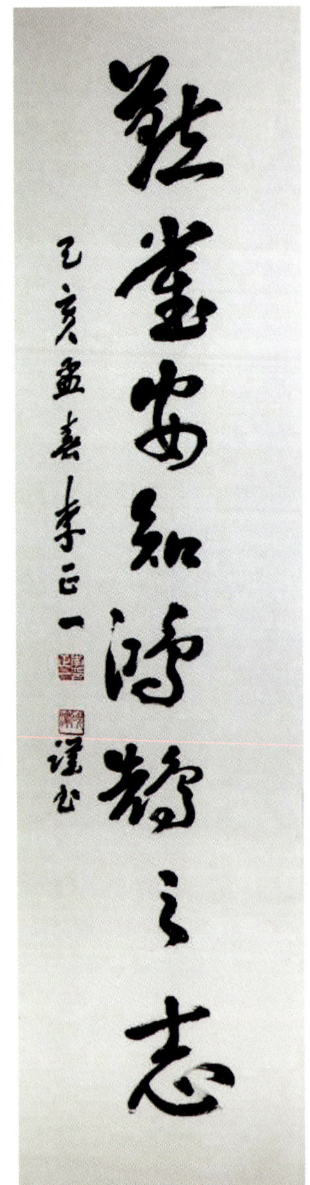

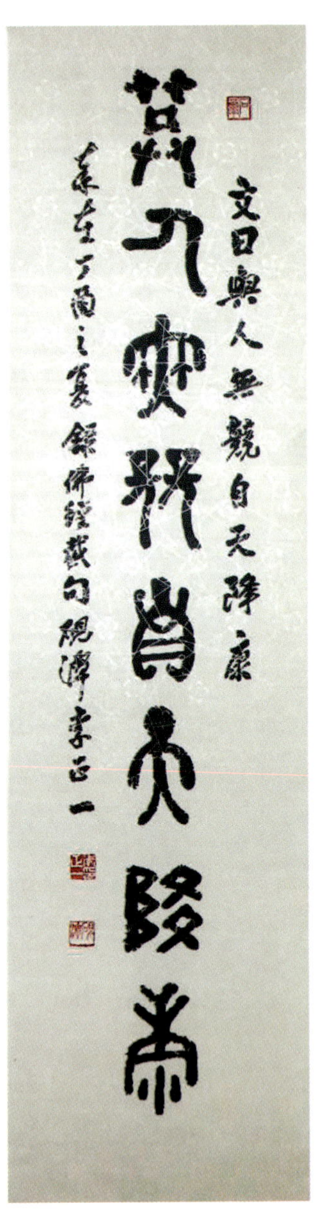

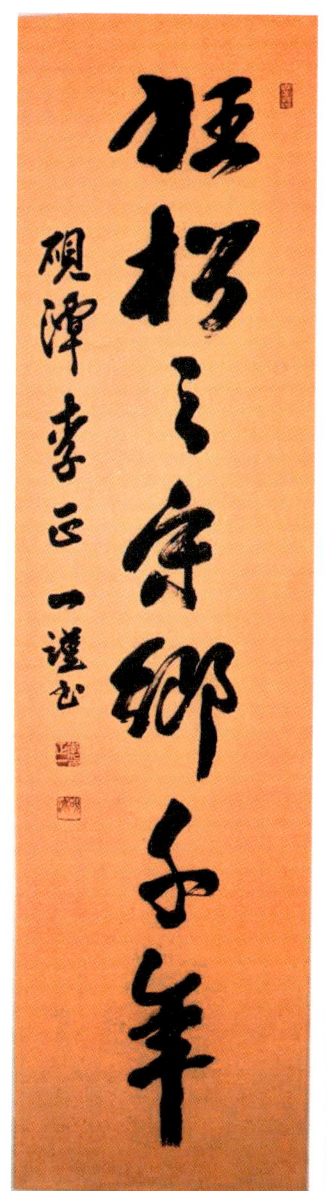

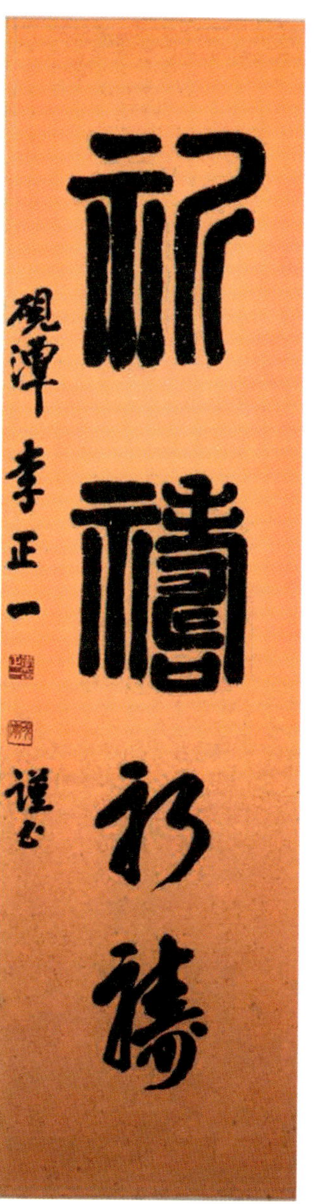

이정일 선생의 서예작품

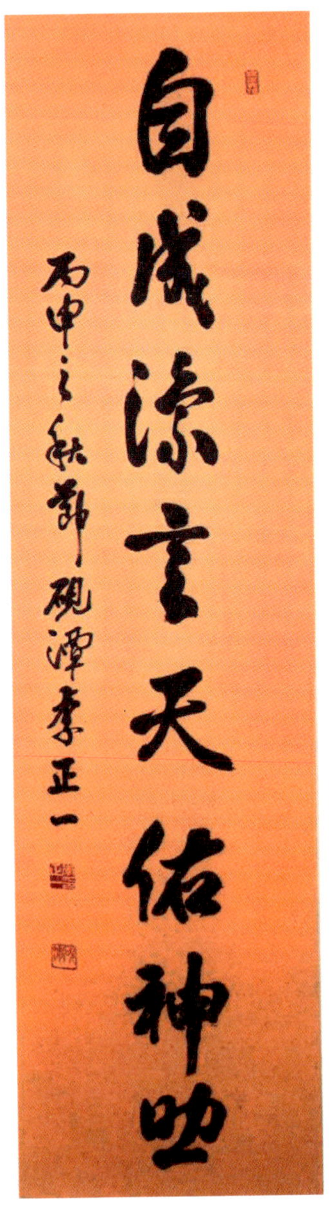

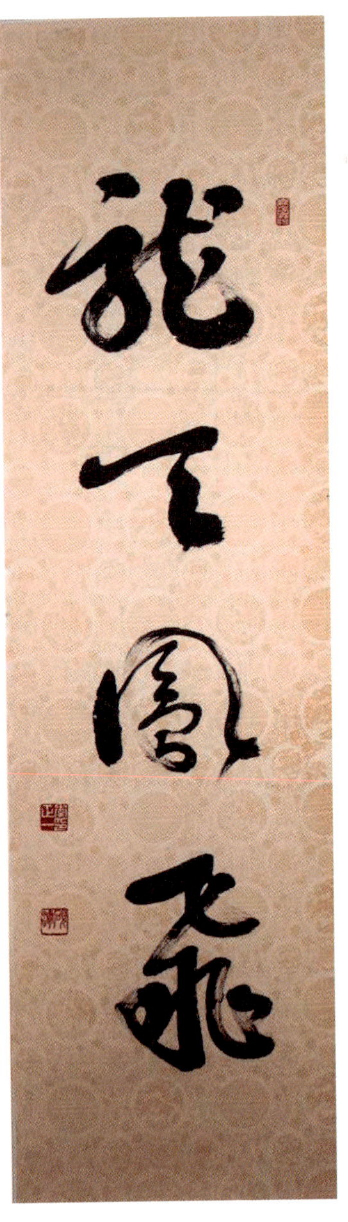

이정일 선생의 서예작품

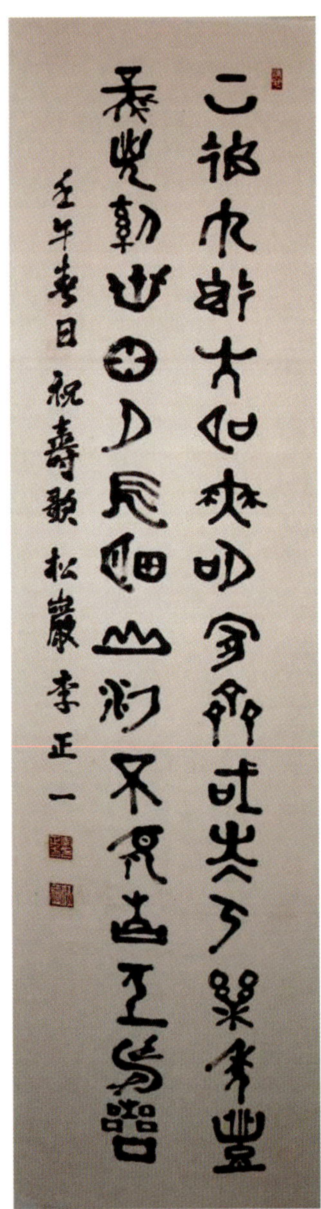

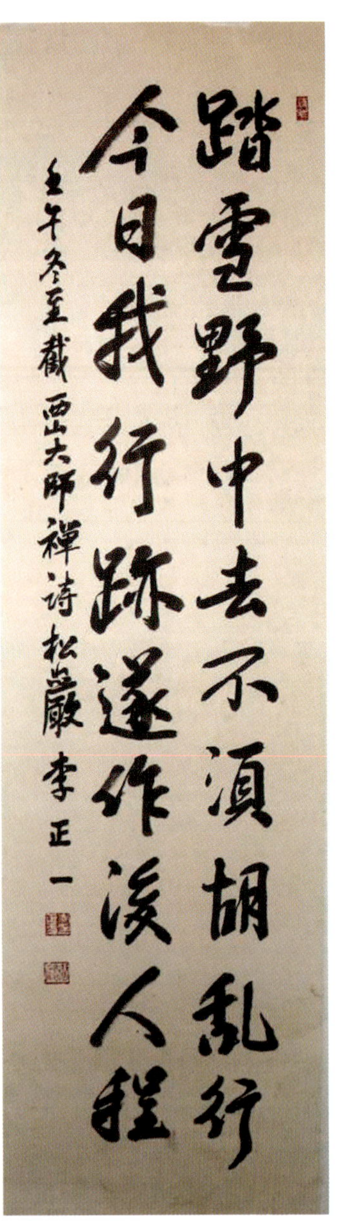

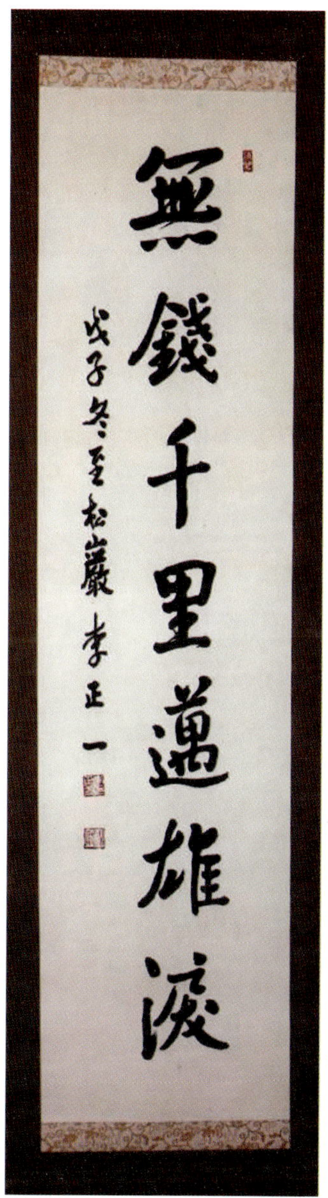
無錢千里邁雄
戊子冬至 松巖 李正一

至心歸命禮
壬辰之夏 松巖 李正一

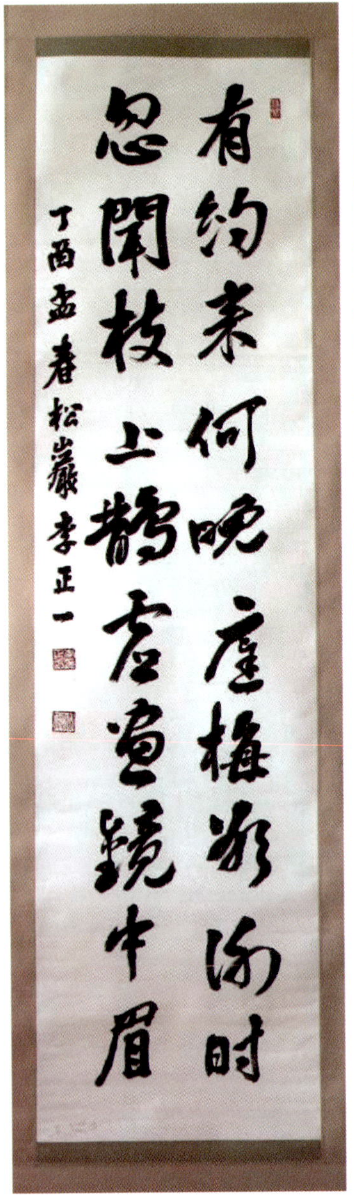
有約來何晚 庭梅欲謝時
忽聞枝上鵲 虛畫鏡中眉
丁酉孟春 松巖 李正一

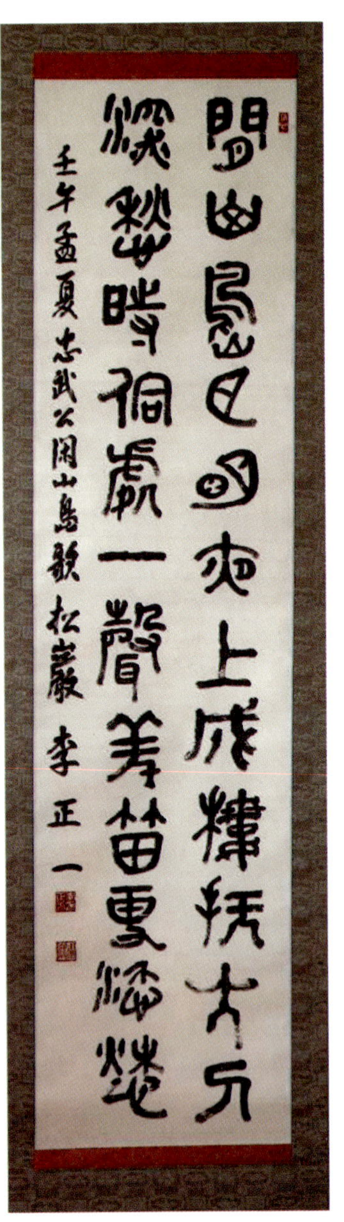
閑山島月明夜上戍樓撫大刀
深愁時何處一聲羌笛更添愁
壬午孟夏 忠武公閑山島歌 松巖 李正一

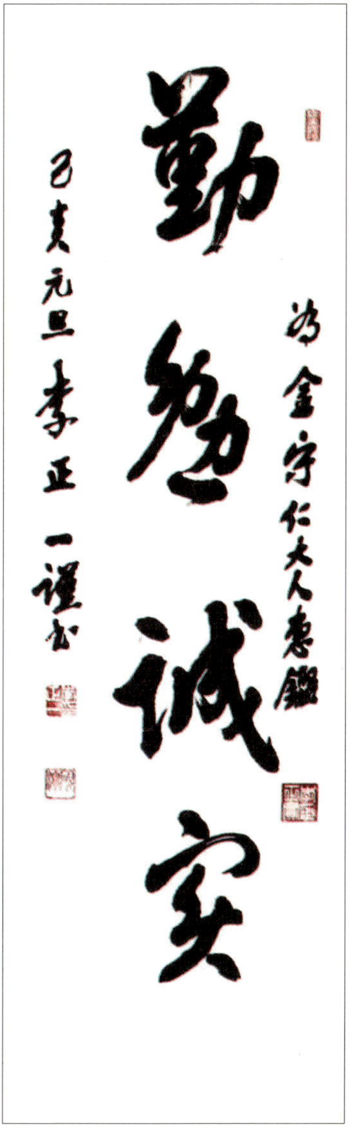

勤勉诚实

爲金守仁大人惠鑒

己亥元旦 李正一謹書

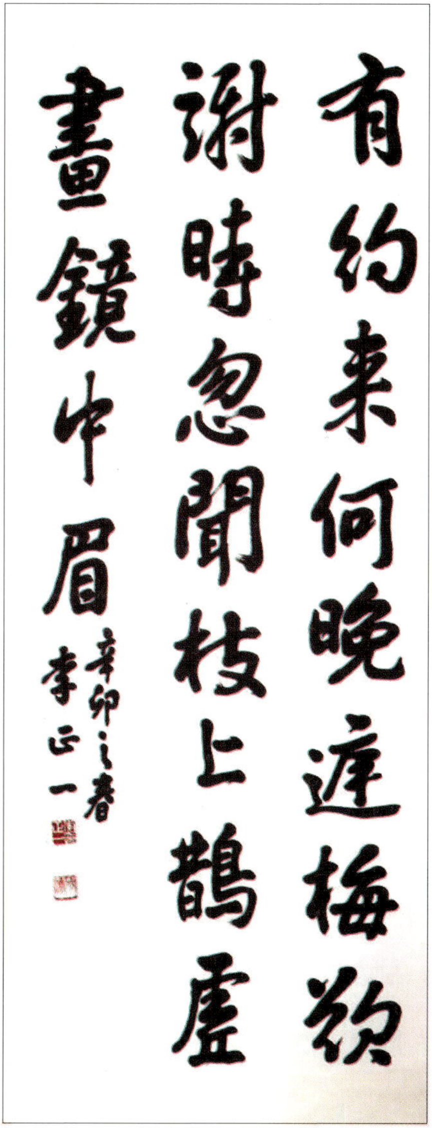

有约来何晚遅梅欲

謝時忽聞枝上鵲處

畫鏡中眉

辛卯之春 李正一

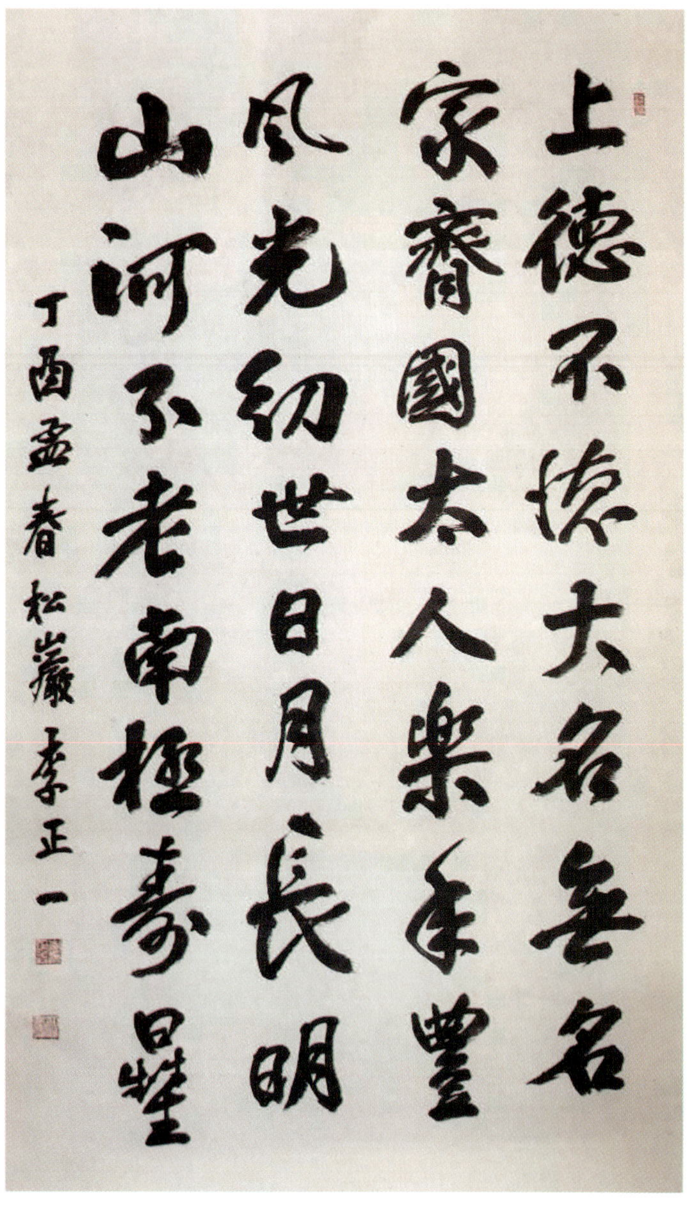

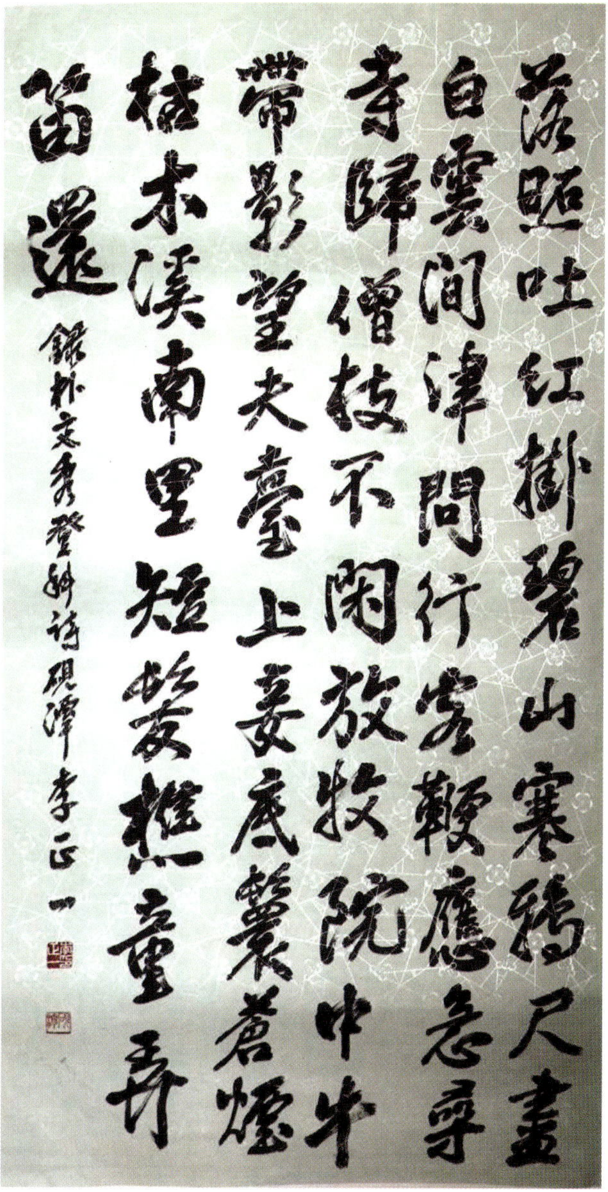

落照吐紅掛碧山寒鴉尺盡
白雲間津問行客鞭應急尋
寺歸僧杖不閑放牧院中牛
帶影望夫臺上妾低鬟蒼煙
枯木溪南里短髮樵童弄
笛還

錄朴文秀登樓詩 硯潭 李正一

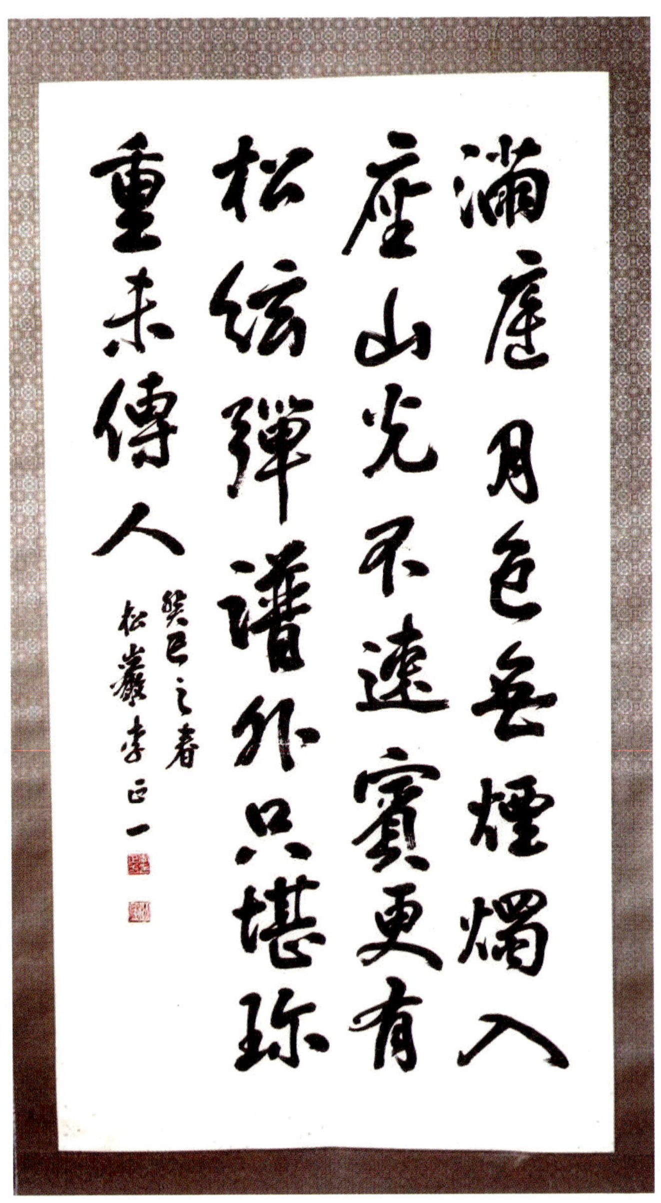
滿庭月色無煙燭入
座山光不速賓更有
松絃彈譜外只堪珍
重未傳人
癸巳之春
松巖 李正一

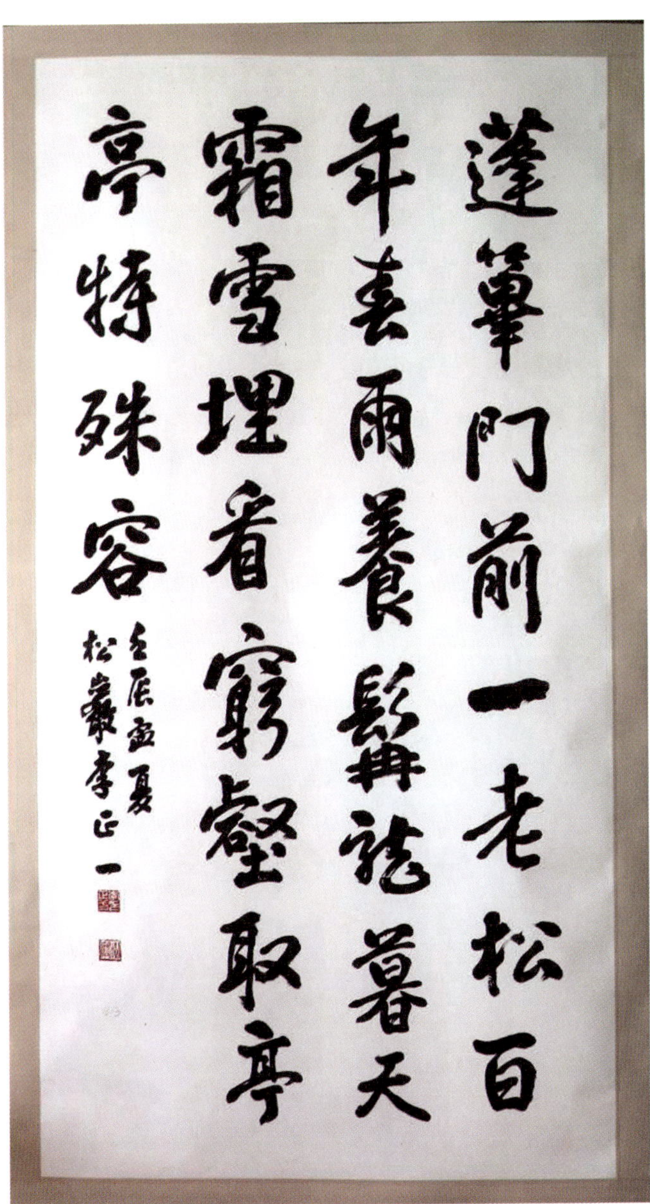
蓬萊門前一老松百
年春雨養鬚龍暮天
霜雪埋看窮壑取亭
亭特殊容
壬辰孟夏
松巖 李正一

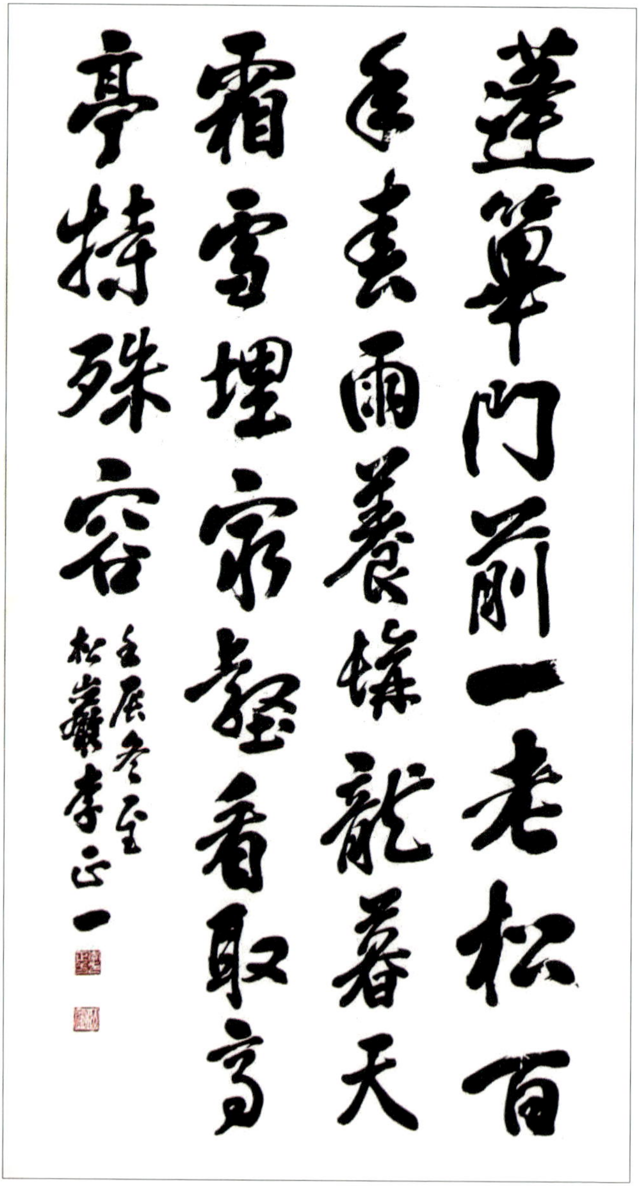

蓬蓽門前一老松
百年春雨養鱗龍
暮天霜雪埋[illegible][illegible]
看取高亭特殊容

壬辰冬至
松巖 李正一

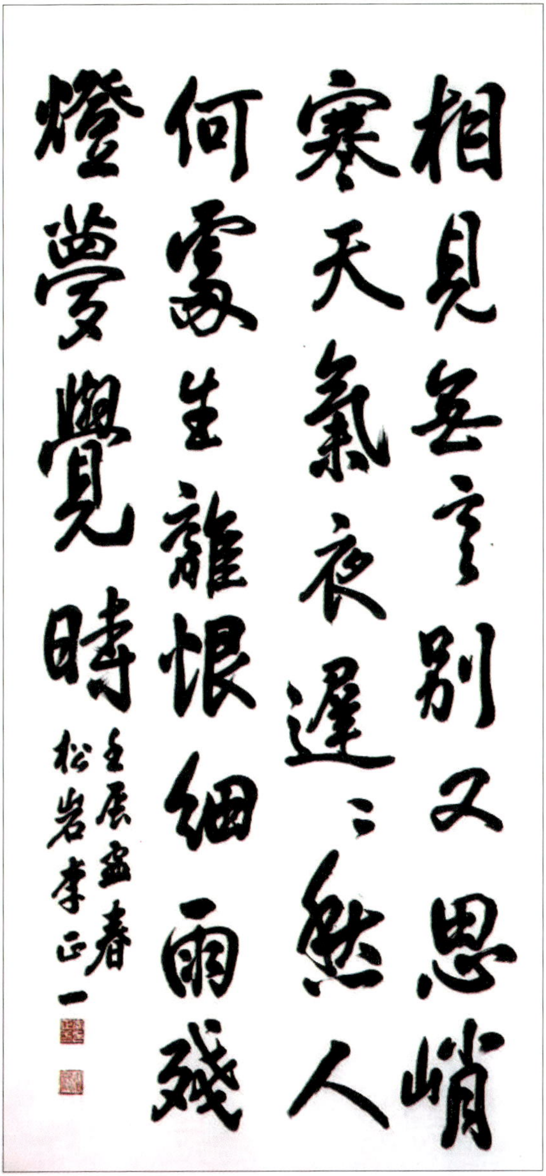

相見無言別又思峭
寒天氣夜遲〻愁人
何處生離恨細雨殘
燈夢覺時

壬辰孟春
松岩李正一

大醉長安酒狂歌日暮還
蓬壺多俗物遊戲且人間
乙未冬至節 松巖 李正一

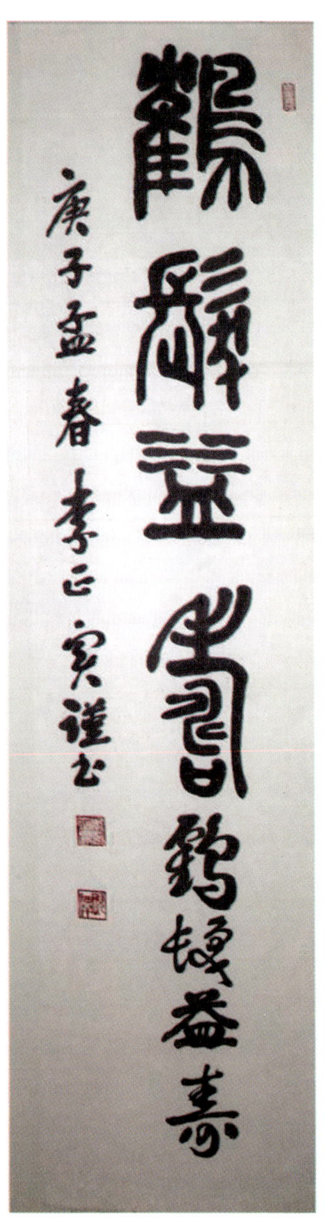

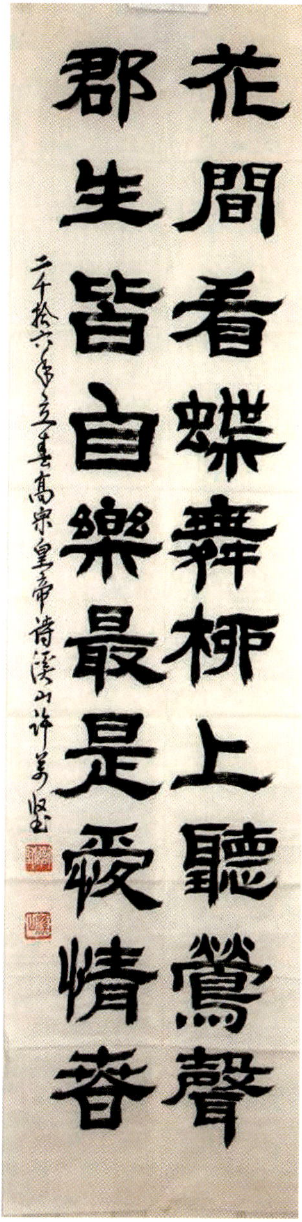

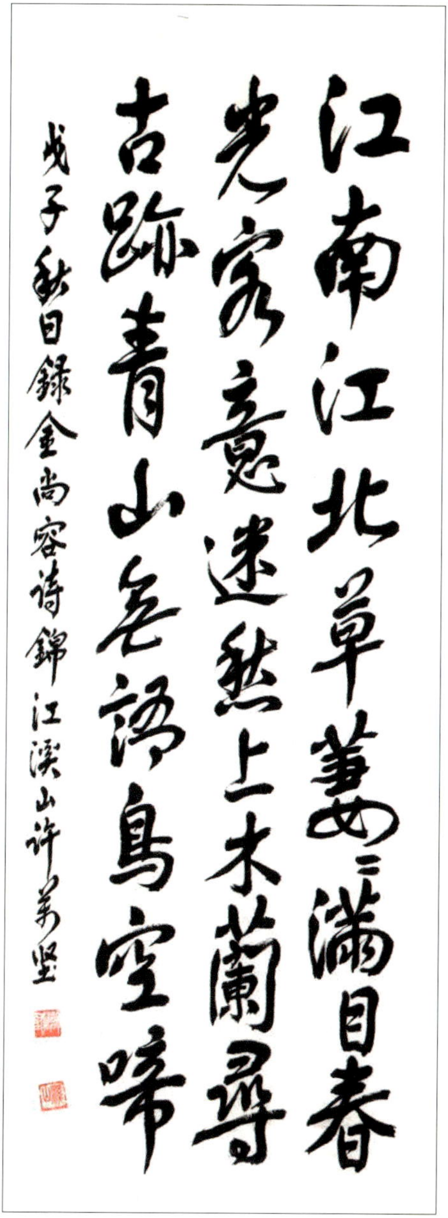

花間看蝶舞柳上聽鶯聲
郡生皆自樂最是愛情春

二千拾六年立春 高宗皇帝詩 溪山許萬堅

江南江北草萋萋滿目春
光客意迷愁上木蘭尋
古跡青山無語鳥空啼

戊子秋日錄金尚容詩錦 江溪山許萬堅

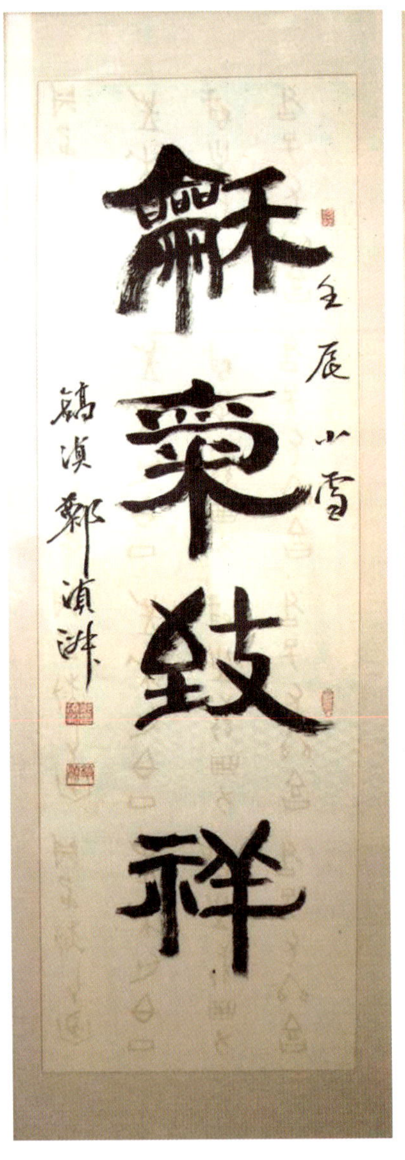

日常思無邪
為自由民主聯合黨員同志
己卯新春
國務總理 金鍾泌

佛紀二五三九年 乙亥孟夏 是菴山人 合掌

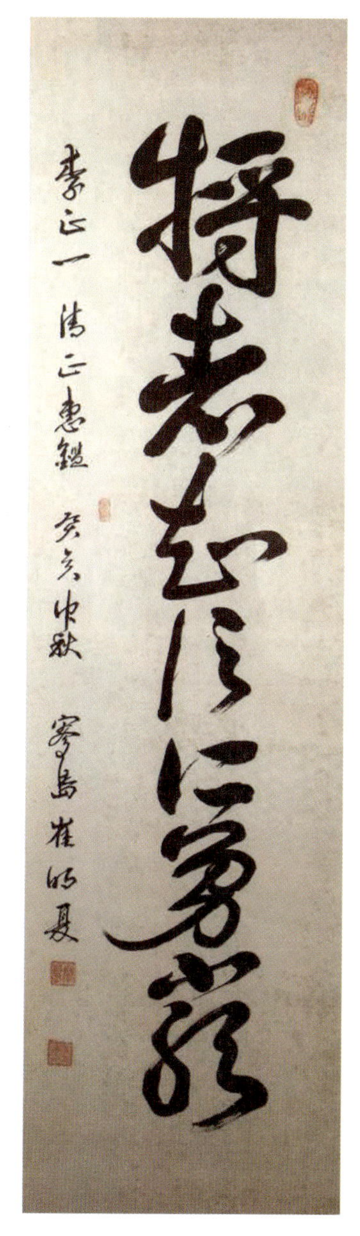

이정일 선생의 소장품

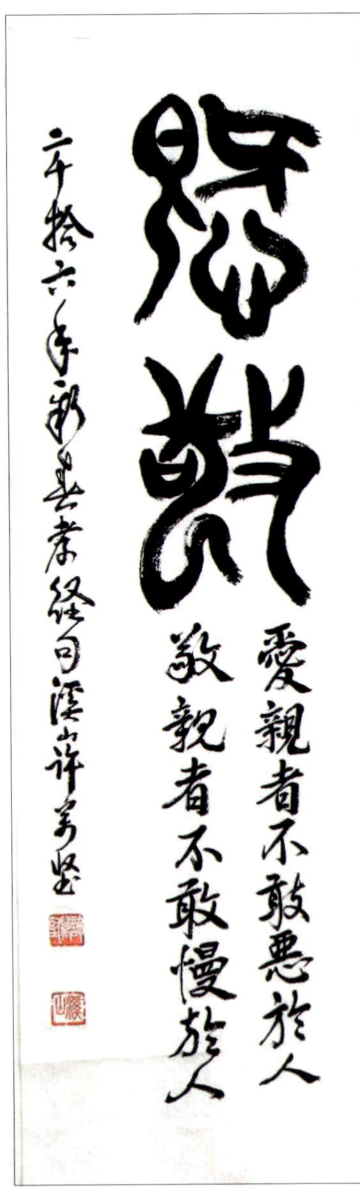

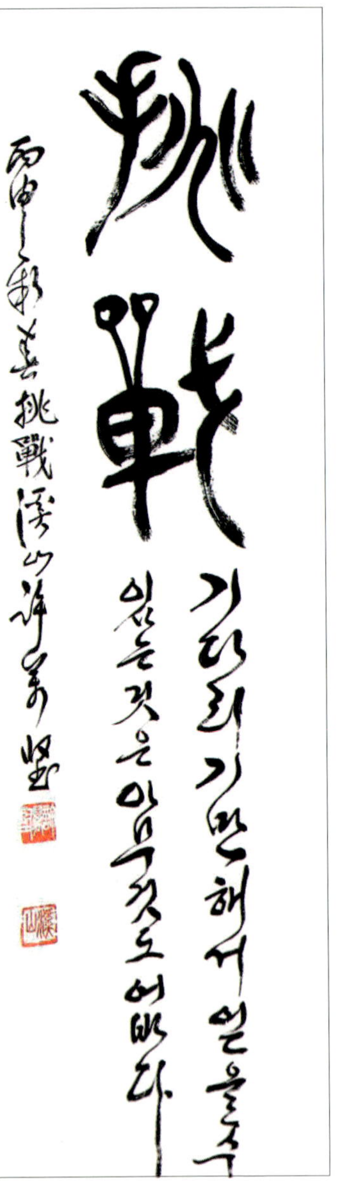

초연이 쓸고간 깊은 계곡 양지 녘에
비바람 긴 세월로 이름 모를 비목이여
먼 고향 초동친구 두고 온 하늘가
그리워 마디마디 이끼 되어 맺혔네
궁노루 산울림 달빛 타고 흐르는 밤
홀로 선 적막감에 울어 지친 비목이여
그 옛날 천진스런 추억은 애달퍼
서러움 알알이 돌이 되어 쌓였네

경자년 재해 한명희 시인의 비목을 쓰다 밀알 이수련

月落烏啼霜滿天江楓漁
火對愁眠姑蘇城外寒山
寺夜半鐘聲到客船

寒山寺舊有文待詔所書唐張繼楓橋夜泊詩
歲久漫漶光緒丙午筱石中丞於寺中新葺
數楹屬余補書刻石 俞樾

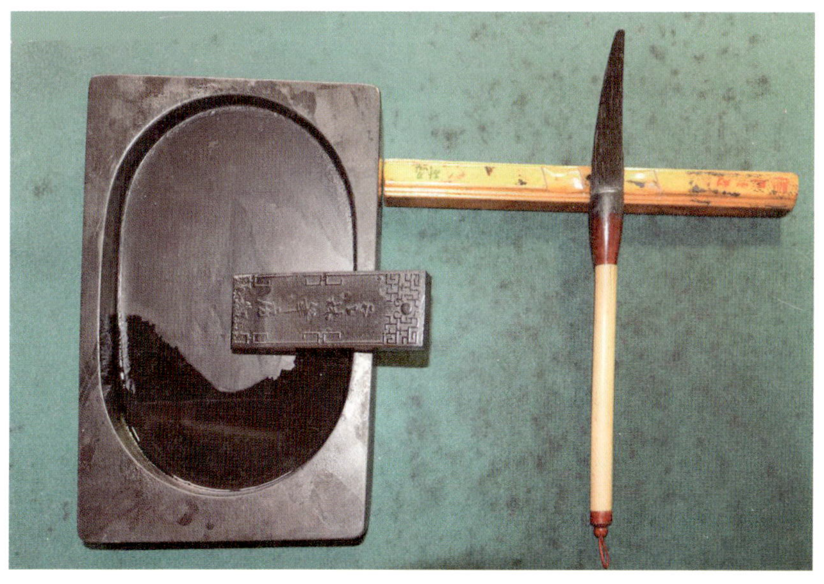

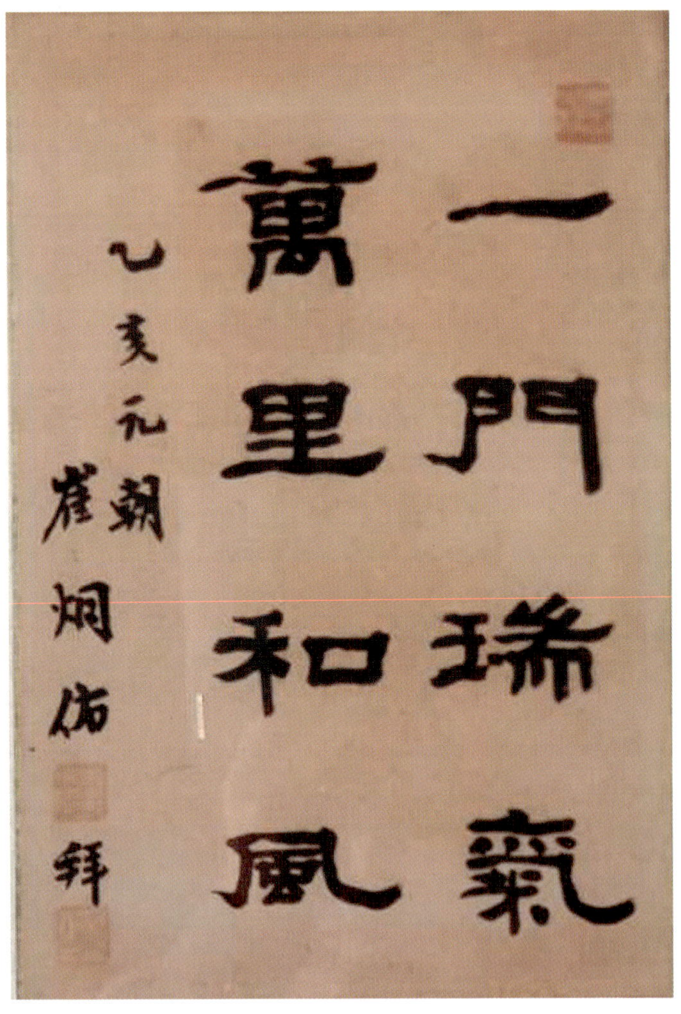
一門瑞氣
萬里和風

이정일 선생의 소장품

이정일 선생의 소장품

▲ 사모님이신 나정자 여사의 그림

이정일 선생의 활동사진

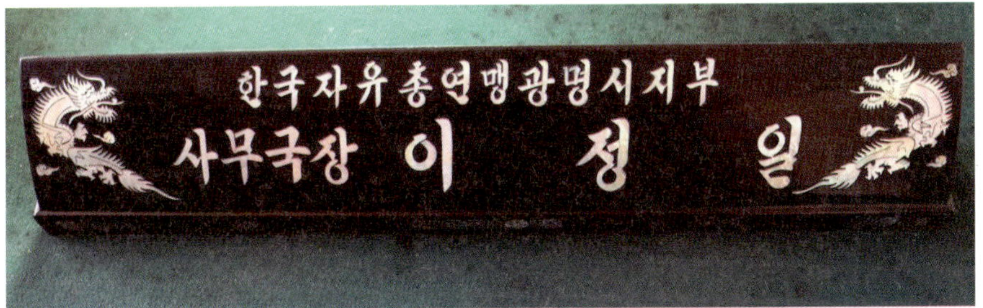

이정일 선생의 활동사진

민주산악회

2002
World Cup Kor

민주산악회

1부
달천강의 꿈

맑은 눈

숯검정 검은 물과 검은 먹물이 만나서
반갑다고 인사 한다 부모님 안부도 묻는다

옆에서 보니 서로가 잘 아는 사이 같다
그런데 서로가 어딘가 싫어한다

조심스레 물어보았다 상대가 검어서 싫단다
맑은 눈으로 보니 똑같아 보이는데

긴 가방 메고 하도 먹물을 대하다 보니
뇌(腦)까지도 검었나 보다

그 옛날에 십팔만 년을 살았다는 동방삭도
옥수가 흐르는 실개천에서

숯에서 흰 물 나오라고 씻고 있다가
저승사자한테 붙들려갔다

옥수가 흐르는 그 실개천은 지금도 탄천이란
이름으로 흐르고 있다

천지

천지가 개벽할 즈음
무거운 것은 아래로 떨어져 땅을 이루고,
가벼운 것은 위로 올라 하늘을 이루었느니라
세상천지 만물 중에 사람을 넘어설
그 무엇도 없는지라
그런고로 사람을 하늘이라 하는 것이니라.
세상에 그 많은 사람 중에 하늘보다 높다고,
하는 사람 딱 한 사람 있으니,
그분이 지아비(夫)니라
구름 불러 비 내리고 바람 불러 씨 뿌리는
하늘에서 하는 일을 땅이 받들지 않을 수 없음이라
만물을 받아 주는 것이 땅이 할 일인지라
그 빗물 받아 땅 적시고,
그 씨 받아 싹 틔우고 꽃 피우고 열매 맺어
다시 씨가 되게 하는 일이 땅이 할 일인지라
그것이 천지조화이니라

기우(杞憂)

옛날 중국 기 나라에
기 씨 성을 가진 사람이 살았다네
기 씨는 하늘이 무너지면 어떻게 할까 생각하고
항상 걱정을 하고 살았다네
하루는 현자가 나타나서 기 씨의 귀에다 대고
무슨 말을 하였다네
그때부터 기 씨는 밝은 마음으로 살았다네
그 후로 어리석은 생각이나
안 해도 될 생각을 기우라고 하였다네

어제는 가을이고 오늘은 겨울인데
멀지 않아 봄이 되면 제때에 알맞게 비가 내려
응 그럼 이 갈대로 간 논바닥에 고루 물 뿌려져서
온갖 곡식 풍년 되고 태평성사 바라네
몸은 늙어 부자연스러워도
꽃피는 것 싫지 않네

대단한 친구

산 높아 물 맑은 고향
골이 깊어 숲 우거지고 공기까지 좋은 고향
그 고향에 묵은 친구
선대부터 예수신앙 깊은 집안
자기는 천당을 보았다고 하는 친구
일찍이 장로 되어 지금은 평신도로 있는 친구
부모님께서 물려주신 십자가 걸려있는 서재에서
어느 날 예수님이 나오셔서 하시는 말씀
나는 하도 오래 앉아 있어 힘이 들어 좀 쉬어야겠으니
네가 그 자리에 좀 있으라시네
그 자리는 비워 둘 수 없다시네
예 대답하고 깜박 하였더니 꿈이었단다
그 말 듣고 내가 부탁하였네
앞으로 그런 꿈을 또 꾸게 되면
나도 너 옆에 같이 앉아 있게 해달라고
예수님께 말씀 드려 달라고 부탁을 하니
그렇게 하겠다고 쾌히 승낙하고
예수님께서 곧 기별이 있으실 것이라 하네

그런데 그때가 언제인데
오늘까지도 아무 기별이 없네

복수불반분(覆水不返盆)*

옛날도 그 옛날에
강가에 앉은 어른
낚싯대 들고 앉아 천년 세월 낚던 어른
강태공 여상 선생
그 어른도 청년 때는 청년이란 말 들었다네
팔십에 벼슬 받아 부임 차 가는 길에
저 건너 풋보리 밭에 익은 이삭 고르던 여인
강태공 앞에 와서 이마를 땅에 댄다
강태공 하는 말씀
당신과 나 사이는 엎어진 물이라오
그 여인 뒤돌아보지 않고 가네
그 여인 강태공의 조강지처**였네

---

* 엎지른 물은 다시 담을 수 없다는 뜻으로, 일단 저지른 일은 다시 되돌릴 수 없다는 말. 《습유기》에 나오는 말이다

** 조와 수수 등을 먹으며 함께 고생했던 첫 부인

숙자 엄마

저 아래 점방에 가서
콩지름 천원어치 사고
조푸* 한 모 하고
참지름 쪼그마한 거 한 병 사오이라
그라고 청 좀 딱 아라 아부지 올 때 댓다

고등학교 다니는 딸이
엄마 말을 알아듣지 못한다
엄마 뭐라고 했노?

엄마가 보굴**이 났다
이놈의 가수내가
탁!

---

* 두부의 경상도 방언
** 골(骨)의 경상도 방언

헛소리

하늘과 땅 사이에 수많은 동물 중에서
사람 위에 호령하는 동물은
사람밖에 없다시네
다만 하늘만 있다시네
그래서 그런지 사람 외에
머리를 하늘 쪽에 두고 사는 동물은 없다시네
조물주님께서 만물을 창조 하실 적에
우리인간에게는 인지(人智) 외는 다른 동물보다
나은 것을 아무것도 점지 하신 것이 없으시네

조물주님께서 만물을 창조 하실 당시에
나에게 한마디만 자문을 구하셨다면(중략)

어차피 인지를 점지 하여 만물의 영장으로
살게 할 바에는 눈을 두 개씩 앞뒤로 붙어주었다면
얼마나 편리하게 살 수 있을까 생각하면
좋은 기회를 놓치신 것 같습니다

자료가 모자라면 눈 한 개씩만 하여도 충분하실 턴데
여불비 하나이다

꿈속의 사랑

- 삼다 찾아 삼천리

제주도에 삼다(三多)가 유명하다기에 제주도에 가서
삼다 찾아 거리를 헤매는데
어느 쪽에서 왔는지
휙 부는 바람에 모자가
확 벗겨서 저만치 날아갔다
급한 마음에 뛰어가다
돌에 걸려 넘어졌다
창피한 마음에 어풀* 일어서는데
지나가던 예쁜 아가씨들이
킥킥거리고 웃는다
그 옆을 지나가던 젊은 아주머니
몇 사람도 같이 웃는다

---

* 어풀 : 거제 쪽 '얼른'의 방언

행복

어찌하다 주택임대 사업자가 되였네
16세대 살 수 있는 집을 지어 20여 년을
운영을 하면서 항상 걱정거리가 있었네
특별한 무슨 문제가 발생하지는 않지만
몹시 춥거나 비가 많이 오는 날은 혹시나 하고
항상 신경이 쓰이고 걱정을 했는데
어느 날 점심시간이라 식당을 가는 도중에
소낙비 쏟아지네
내가 만약 오늘도 그 사업을 하고 있다면
얼마나 신경이 쓰였을까
정리하길 잘했지 생각하니 비를 맞는 것이
조금도 불편하지 않았네

달천강의 꿈

멀고도 머어언 곳
황하에서 흘러오다
달천강이 되었는가
하늘엔 먹구름 잔뜩 하고
달천강에는 황토 물 흐른다

잔고기는 보이지 않고 큰 고기만 보인다
사정없이 그물 던져 잡아
깊은 살은 회 처먹고 머리는 어두일미로
매운탕을 끓여 맑디맑은 참 이슬
사발에다 그냥 받아 하늘보고
혼자 마시고 크게 웃다

단잠이 깨었다

송암(松巖)

높은 산 위험하고 위험한 바위 끝에
외로운 소나무 한 그루 어찌하다 뿌리내려
쳐다보는 이 아무도 없는 곳에 홀로 서있네
토질 좋은 곳에 자리 잡아 곧게 자란 소나무
서까래로 베어가고 좀 잘못 생긴 큰 소나무
기둥으로 베어가고 늙고 굽음 소나무
천년 고향을 지키는데
위험한 바위 끝에 그 소나무
살아 천년 죽어 천년 영원한 자연으로
사시는데 발밑에 사철나무 자기도
같이 살자 하네

같은 마음

그렇게 바라던 자식 업었다
귀한 아들 업었네
엄마가 좋다고 우쭐거린다
아들이 물어본다
엄마, 나가 좋아?
좋지
왜?
그냥
너는 엄마가 안 좋아?
좋아
왜?
그냥

무형 재산

가난한 그 세상에
가난한 그 시절에
가난한 그 가정에서 태어나

가난한 그 어린 시절 보내고
가난한 그 청춘을 맞을 적

가난을 그냥 두고
꿈을 찾아 떠나올 적
부모님이 주신 유산

단디 해라

소가 웃는 이유

- 전설이야기

호랑이가 높은 산 높은 바위에서
담배를 피우다가 쉬고 있다
저 멀리 보이는 것이 이상해 보인다
분한 생각이 든다
괘씸한 생각이 든다
사람보다 몇 배가 큰 소가 조그만 사람이
시키는 대로 잘도 한다
호랑이 생각 바뀐다
사람의 버릇을 고쳐 보겠단다
소가 시키는 대로 사람이 따라 하는
그런 버릇으로 고쳐 보겠단다
급한 마음으로 들판을 내려 왔다
씩씩대면서 소를 보고 호랑이가 나무란다
병신 같이 조그마한 사람 시키는 대로 한다고
소가 대답한다
그것이 힘으로 되는 것이 아니라고
마음대로 되는 것이 아니라고
호랑이 사람한테 말한다
싸움을 해서 지는 쪽이 이긴 쪽의 시키는 대로 하잔다

계약서 쓰잔다
사람이 대답 한다 그렇게 하자고
사람이 조건을 내세운다 점심 먹고 올 테니 기다리란다
호랑이 빠른 판단을 한다
제 까짓게 점심 먹어 봤자지 하고 깔본다
사람이 재차 조건을 내건다 도망가면 안 된다고
호랑이 코웃음 친다
사람이 또 조건을 낸다 호랑이 도망가지 못하게
묶어놓고 갔다 오겠단다
호랑이 확실한 판단이라 생각하고 좋다고 승낙한다
호랑이 결박당한다 점심 먹으러 간다는 사람
점심 먹으로 가지 않고 묶어진 호랑이 팬다
호랑이 패듯 팬다
호랑이 반쯤 죽는다
그 무서운 호랑이와 조그만 사람과 계약으로 이루어진
결과를 보고 하도 우스워 소가 웃는다
하늘 보고 웃는다

비빌 빵(䬸)

나라가 망할 지경이라
조선이 망할 지경이라
나라곡간에 곡식 없어
양반들 먹을 것 없어

나라에서 큰 계획 세운다
천민을 평민 만드는 면천 장사하겠단다
보리 나락 몇 십 석 헌납하면
면천시켜 주겠단다

생각이 빠른 천민 한 사람 평민 신분 되었네,
자식 공부시켜 가난한 양반 사돈 맺는다.

가난한 양반 신부 아버지 삼형제 양반 갓 쓰고 왔다
평민 갓 쓴 신랑 아버지 자기 이름 쓸 줄 모른다
옛날 어른들 만나면 시(詩) 한 수 읊는 풍습 있어
신랑 아버지에게 운(韻)자 내시란다
자기 이름자 못 쓰는 신랑아버지

운자 낸다
비빌 뺑(菜食) 자(字)란다

큰 갓 쓰고 앉은 양반사돈 삼형제
서로 얼굴 쳐다본다

양반사돈 큰 어른 용기 내어 물어본다
어떻게 쓰는 글자냐고

무식한 신랑아버지 소리 지른다
나물채변에 밥 식자가 비빌 뺑 자란다
나물하고 밥하고 한 그릇에 넣고,
뺑뺑 비비니까 비빌 뺑 자란다

그리고 밖으로 나간다
무식해서 상대 못하겠단다
신부 쪽 양반 어른들 천정 쳐다본다
세상에 어느 옥편에도 없는 글자인데

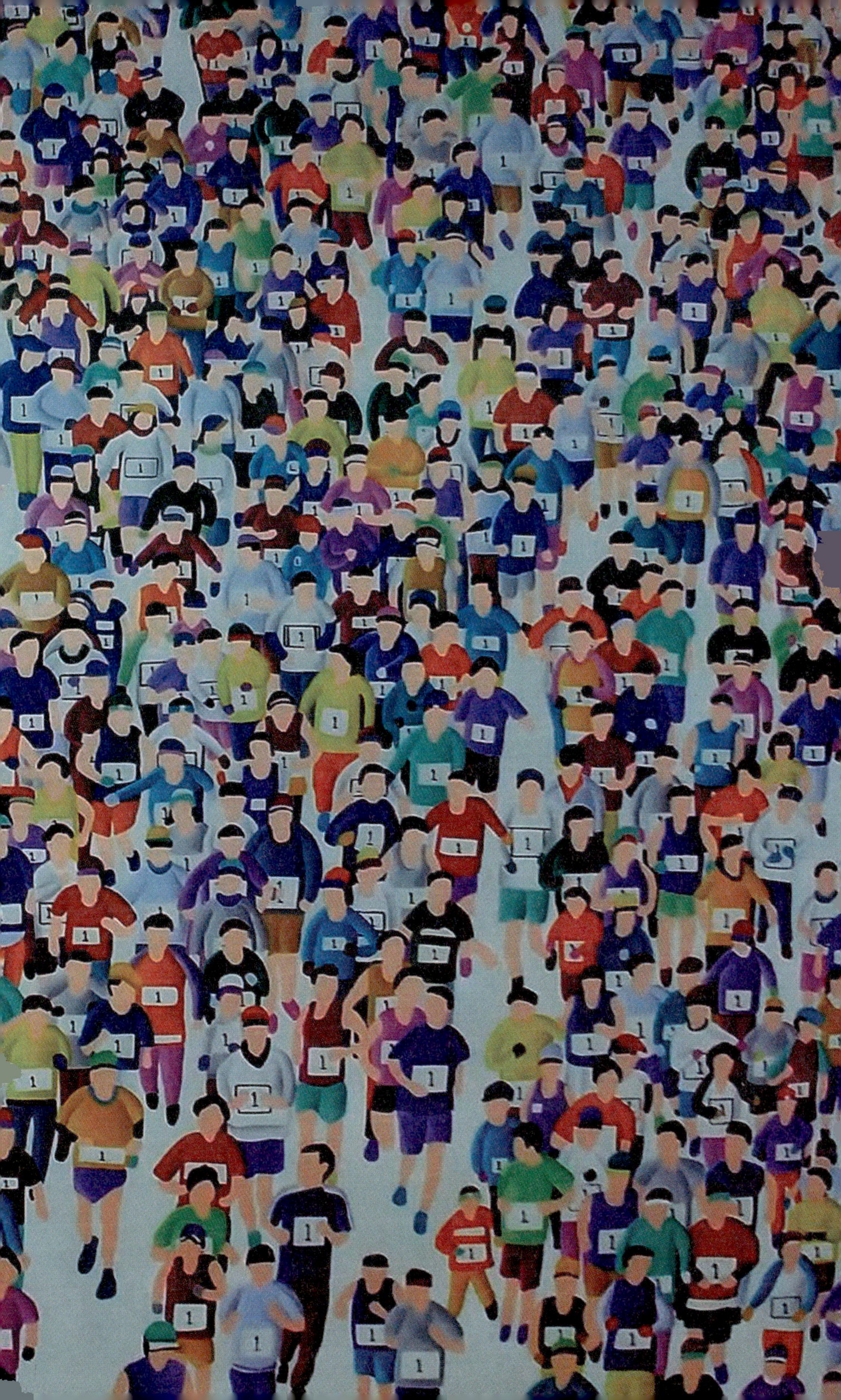

전설이 있는 고향

나의 외가 선대가 사시던 맑은 동네
관광지로 유명한 해금강을 품고 있는 고향 갈곶리
큰 땅에서 밀려오다 머물러진 땅
그 땅을 곶이라고 한다네

그곶의 끝 부분에 대단한 바위 서있네
그 바위 언제부터 서 있는지 아는 사람 없네
진시황제 불사약 구하러왔던
서불 선생 흔적 있는 바위
호위병 같은 높은 바위 촛대바위라 이름 붙어진 바위
두세 개 있네

어느 궂은 날 샛 바람 불어
푸른 파도 밀려오네
검은 바다 서서 오네
하도 소란하여 큰 바위 드디어 눈을 떴네
앞에 서있던 촛대바위 없어졌네
그 바위 보다 높게 섰던 천년 송 없어졌네

바다는 말이 없네
갈매기만 날고 있네
누구의 짓이냐고 큰 바위 큰소리 치네
바다는 잘못이 없다고 항변 하네
조금 전에 사라호* 태풍 지나갔단다

* 사라호 : 1963년경 우리나라에 큰 피해를 입인 태풍 이름.

바닷물이 되어버린 옥수(玉水)

나는 원래 옥수였다오
높은 산 깊은 계곡에 옥으로 된 바위틈으로
새어나 온 귀하고 귀한 옥돌 위를 흐르던 옥수였다오
신선님의 목도 축이고 날짐승 기는 짐승 온갖 동식물들 목마를 때
물을 주고 수은공덕 쌓으면서 흘러 흘러 가다 보니 바다까지 왔다오
이 세상의 사분지 삼이 바다라는데 이렇게 그대 한곳에 당도하고 보니
내가 살던 높은 산은 돌아갈 방법은 없고
바다 물과 같이 살다 보니 나도 모르는 사이에 바다 물이 되었다오
무정한 바위야 내가 바다 물과 오래 살다 보니 머리가 하얗게 된 파도가 되어
너를 찾아 갔는데 너는 나를 모른 척 하는구나.
그 동안에 내가 너를 얼마나 그리워하였는지 알고나 있는가.
나는 네가 그리워 헤일 수 없이 수많은 날에 너를 찾아가도
너는 대답이 없었다
바위야 네가 만일 나에게 몇 번이나 왔다 갔느냐고 물으신다면

네 발밑에 모래알 같이 많이 쌓인 그 모래들,
네 주위에 있는 그 많은 몽돌이 된 돌덩이들 그 전부가 다
내가 왔다 간 흔적이라네
바보 같은 바위야
그래서 인간들은 너를 보고 바구*라 한단다

* 바구 : 바위의 방언(경상, 전남)

돈 없는 부자

한 친구 부모유산 물려받아 어렵게 살다가
자기도 모르게 몇 백억 부자가 되었네
또 한 친구 부모유산 정리하여 사업한답시고
한때는 잘나간다고 소문났던 친구가
지금은 별로 재미가 없어 초라하게 된 친구
오랜만인데 만나서 소주 한 잔 하고
얼굴도 한번 보자고 부자 친구한테 연락하여 반갑게 만났다
부자 친구가 자기가 점심 산다고 좋은 식당 있다고 안내한다
가정식 백반 오천 원 써 붙여놓은 구석진 식당으로 안내한다
소주 두 병 하고 간단한 안주 한 접시 식혀 놓고
콩 팔 칠 팔 한다 식당 아주머니 얼굴 찡그린다
초라한 친구가 이제 가자고 일어선다
부자친구가 자기가 계산한다고 캉캉 소리친다
호주머니 손을 넣는다 돈이 없단다
깜빡 하고 지갑을 안 가지고 왔단다
사업에 실패한 친구가
얼마냐고 물어본다
만 삼천 원이란다
초라한 친구가 계산하고

걱정 어린 얼굴로 물어본다
집은 어떻게 갈 거냐고?
부자 친구 자기 몸을 한참 더듬거리더니 지하철 카드는 있단다

장군의 탄식(歎息)

옛날에는 산을 가도 나무가 듬성듬성 하여 놀기가 좋았다
나무 끝에 놀고 있으면 시인들께서 삭풍이란 이름 붙어
좋은 대우를 받았고 들판으로 내려오면 동장군이란 이름으로
최고의 칭호로 살았는데 지금은 갈 곳이 없어졌네
재래시장 노점상아주머니 찾아가면
방한복이란 옷으로 막아서고 길거리 나와 보니
롱패딩이란 물건이 막아선다
어디를 갈 줄 몰라 헤매는데 어머님이 부르신다
더운 바람 온다고 빨리 집으로 들어오란다

2부
이씨 아저씨 귀하

동반자

내가 햇빛을 맞은 날부터
오늘까지 같이 가는 동반자
같이 가는 줄 깜빡 잊고
뒤돌아보면 그 자리에 그냥 있네
깜빡 잊은 내 자신이
참으로 미안스러워
딴 곳을 가지 말고
내가 가는 곳만 오라고 부탁 한다
알고 있다고 하네
햇빛이 앞에 있으면 뒤로 가고,
햇빛이 뒤에 있으면 앞으로 오는,

나보다 먼저 알고 있는 동반자

참말로 웃긴다

산에서 꿩 알을 주워다 닭 둥지에 넣어두니
닭 병아리와 같이 부화하여
닭 병아리는 어미 닭을 따라가는데
꿩 병아리는 울타리 속으로 간다네
꿩 새끼 제 갈 길로 간다네
참말로 웃긴다

화려강산 좋은 토양 위에 잘 피어난 무궁화 꽃
그 꽃 속에 가시가 있는 또 다른 무궁화 꽃
기생충으로 살아가는 꽃
자기가 피어난 그 나무를 위하여 잎 피우고
꽃 피우고 하는 그 꽃나무한테 가시 있는 꽃
얼마나 어려움을 주었느냐
화려강산에 건강한 무궁화 꽃 남쪽에서 핀다네
참말로 웃긴다

무(無)

털지 마라
먼지 난다
무엇을 털 것이냐
무엇 나오라고 털 것이냐
천 년의 바위도 먼지 되어 없어지느니
황하의 누른 물도 먼지 되어 없어지느니
무엇 나오라고 털 것이냐
이 세상에 먼지 되지 않을 것 무엇 있으리

털지 마라
털어 봤자 먼지 밖에 또 있겠냐
먼지가 먼지 털어
맑은 눈에 먼지 들어간다

무제(無題)

친척 먼 바깥 동생
풍문으로 들은 반갑지 않은 소식
슬프다 마십시오
다 같이
우리는
그곳에서 오셔서
이곳에서 살으시다
저곳으로 가시는 것입니다
정해놓은 길입니다

단,
한 가지
그분이 아니고는
그런 분을 만날 수 없는 것이 애석합니다

무변(無變)

땅에 떨어졌네
씨앗 하나
뿌리 내려 싹이 트여
줄기 생기고
잎 생기고 꽃이 피고 열매 맺어
진 잎 생기고 낙엽지네
흰 눈이 지나가다 물어본다
언제부터서 올해 같이
해마다 그렇게 하였느냐고?
자기도 잘 모르겠지만
내년에도 금년 같이
똑같이 할 것이라네

큰 세배

무술년 정초에 갓바위로 세배 갔다
돌을 쓰고 앉은 부처님
약사여래 부처님이시란다
찾아가기 힘든 부처님
산꼭대기에 계신 부처님
많은 사람 찾아와서 복 달라고 절을 한다
소원 들어 달라고 이마를 바닥에 댄다
무슨 소원 들어 달라고 무슨 복을 달라고
절하는 마음 그 마음 알 수 없네

드디어 부처님께서 복 주신다
개인별로 줄 수 없어 산태미*에 복을 담아
확 뿌리신다
산태미에 흘러진 복은 부처님
가까이에 있는 사람에게 주시고
흘러지고 남은 큰 복은 멀리 서있는 사람에게 주시네
나도 멀리 서 있었다

---

* 산태미: 구멍이 숭숭 뚫린 농기구의 일종으로 삼태기의 방언

허(虛)

그늘이 없는 밝은 동네
한두 친구 살았네

한 친구
그 무슨 말을 해도 그냥 웃는 친구
한 친구 장가들어 아들 딸 두었는데
두 친구
아직도 혼자였네 나이가 얼마인데

한 친구가 물어보네 왜 장가 안 가느냐?
두 친구가 대답하네 당당하게 대답하네
자기는 완벽한 여자와 결혼 할 것이라고
그동안에 완벽한 여자
딱 한 사람 만났는데
그 여자도 완벽한 남자를 원하드란다

이씨 아저씨 귀하

말 많은 세상에 그 말 다 들어 무엇 합니까
남의 말 하듯이 하는 말들
보았냐고 물어보면 그렇다고 하더라는 말들
그 말 다 들으면 섭섭한 마음 생깁니다
전부 다 들어도 다 들은 척하지 마십시오
전부 다 보아도 다 본 척하지 마십시오
섭섭함을 참는 것도 능력입니다
겨울에는 날카롭던 바위 언덕도
산천이 무성(茂盛)하니
그 잎에 덮여 보이지 않습니다
그러나 멀지 않아 진 잎 되고 낙엽지면
그대로 나타날 것입니다
한강은 어제도 오늘도 또 내일도
쉬지 않고 흐릅니다

후회

푸른 시절
고향을 떠나올 때
부모님께서 들려주신 보자기
진작 풀어보지 못하고
수 없는 세월 흘러
팔순 나이에 풀어보네
황금 판에 새긴 말씀
단디해라

열두 고개로

말만 듣던 고갯길은
가보지 않은 고갯길이다

낯선 고갯길은
새로운 고갯길이다

힘든 오르막 고갯길은
험한 고비길이다

외로운 고갯길은
혼자 넘는 고갯길이다

새벽 보는 고갯길은
좋은 벗 같은 길이다

불빛 튀는 고갯길은
가슴 벅찬 앞길이다

장인어른 주례 선 날

세상 많이 바뀌었나 보다

얼마 전에 친구가 장인어른 되시는 날
하객으로 참석한 날
두 손바닥 맞닿게 하여 크게 박수 치던 날
주례 어른 모시고 성스러운 혼례식 올리신다

혼례식이 많이 변했나 보다
장인 되시는 어른 주례석에 올라선다
주례어른보다 더 중요한 말씀
덕담하신다 흘려들을 없는 말씀
부모 말씀 문서라고 했던가
신부 신랑 높이 경청 하시네 진정으로 경청하시네
나는 공자님 사시는 곳에서 멀리 살았는데
장인어른 되시는 분
공자님 아주 가까운 동네 사시었네

진주팔경 독후감

나는 진주를 가본 적이 없다
한 번도
그런데 진주팔경 책을 봉독하고 보니
다 돌아본 기분이 드네

책자 속에 나열된 명제들
어느 한자 바로 서지 않은 글자 없네

그 중에서도 하정(昰玎)선생님의 아호(雅號) 역시
똑바로 선 머리위에 햇살 쏟아지네
어찌 덥지 아니할까

생동하는 만물이
여름의 뜨거운 햇살을 외면하지 못하듯
시를 쓰는 마음은
항상 뜨거워야 한다네

의기(義妓)

진주 남강
의암(義巖)
논개가 놀던 바위
그 충절 얼마나 뜨거웠으면
그 바위 비릉되고
그 비릉 돌덩어리 되었는가
그 충절 의기사(義妓祠)에 모셔있네

의기(欹器)*

기인 가뭄에 목말라 허덕이던 산천에
기인 장마 찾아왔네
대수졌네 홍수졌네
깊이 패인 황토 계곡에서
단물이 나온다네
단물 나오는 계곡에 맨땅 핥던 불개미 떼 모여든다
배가 고파서 그런지 타고난 근성인지
성난 불개미 떼 끝없이 모여드네
그 전에도 들었던 기억에 남은 말들
기회가 왔을 때 기회를 놓치지 말라는 말들
기회를 잡은 불개미 떼 희열을 느끼네
그 희열 아래 뭉개진 수 없는 생명들 얼마인가
이 풍진 세상에 우두커니 서있던 잡초는
바람 부는 데로 쓰러지네
조물주께서 창조하신 위대한 업적은 수평(水平)이라네

* 중국 노나라(공자시대) 환공을 모시는 사당에 있던 보물로 속이 비면 기울어지고 적당이 차면 바로서고 가득 차면 뒤집어 진다는 기물

사냥

하루는 뱀이 쥐 사냥을 나갔다
구렁이 담 넘어가듯 넘어간다
빠른 쥐를 잡으려면 실수를 하지 않아야 한다
그런데 꼬리가 말썽을 부린다

다 같이 부모님한테서 태어났는데
왜 나는 항상 뒤에서 끌려가야 하느냐
꼬리가 투정을 부리며 안 가겠단다
매번 꼬리 때문에 쥐에게 들킨다

꼬리와 싸우다 보니 쥐는 도망가고
뱀 머리가 화가 났다
그러면 네가 앞서서 가라
꼬리한테 양보를 했다

꼬리가 길을 거꾸로 간다
한참 잘 가다가 농부가 피워놓은 모닥불에 들어갔다
머리가 꼬리에게 야단을 치고
서로가 잘못이라고 원망을 한다

싸우다 정신을 차려보니
천국을 날고 있다

독수리 발톱에 걸려서

한식날

찬밥을 먹는 날
불을 때지 않는 날
한식날
억울하고 분하여 불을 때지 말라신다
옛날도 그 옛날에
계자추란 충신 있어 전쟁에 패한 임금
동굴 속에 모셔놓고 어려운 생활 할 적
임금께서 고기 먹고 싶다기에 자기 살을 잘라구워 먹인 충신,
맨 앞에 있는 충신
전쟁이 끝나고 용상에 다시 앉은 임금
그 임금 앞에 모였던 수많은 아첨꾼들
그 세력에 밀려 그 충신 깊은 산속에 들어갔네
그 충신 찾고자 깊은 산에 불 놓아
결국 불타 죽은 충신
충신 찾던 임금 하도 억울하여
온 백성한테 충신 돌아가신 날
불을 때지 마라시네
요즘 충신은 단 맛과 쓴 맛만 아는 세상에…

기도(祈禱)

신외무물(身外無物)이라 하시네
순리(順理)대로 되소서
바위가 돌덩이 되고
돌덩이가 돌멩이 되고
돌멩이가 자갈 되고
자갈이 모래가 되듯이

보리밥을 먹으며

오랜만에 보리밥집에 들렀다
참기름 한 방울 떨어뜨려 고추장을 넣고 쓱쓱 보리밥을 비빈다
문득 깡보리밥만 먹어도 좋다던
보리알 하나 없어 풀만 먹던 보릿고개가 떠오른다
나락농사 지어 보리 익을 때까지 못 가던 시절
덜 여문 보리 베어다 가마솥에 볶아
절구로 찧어 연명하던 시절이 엊그제 같다

마당에 두지* 짓고 살며 대단한 유세를 부리던 분들
양식 없어 허덕일 때 유세부리던 그분들
사람이 배부른 대로 산다면
천년도 더 살아야 할 그분들은 지금 없다

양식 없어 어렵게 살던 사람들의 옳은 말은 헛말되었었다
두지, 짓고 살던 그분들의 말은 그른 말이라도 옳은 말이 되었었다
연세 많아 가시는 길 막을 수 없으나
무엇 때문에 그 후손들도 같이 몰락했는지

---

* 곡식이나 고구마 등을 넣던 창고, 뒤주의 방언

선대가 부리던 그 유세 물려받지 못했나 보다
두지, 있던 그 자리 눈을 씻고 찾아봐도 보이지 않는데
보리밥 비벼먹던 어머니만 눈에 선하다

지나갔네

그분도 청년시절에는
청년이란 말 듣던 어른
무게 느끼는 어른
어정 세월
노인되어
따뜻한 국물에
소주 한 잔
아…!

맑은 바람

맑은 바람 흐르는 언덕
삭풍이 부는 언덕
젊음이 밟힌 그곳에 참 좋은 추억 있네
복잡한 역사는 없어도
쳐다보기만 해도 반가운 얼굴
그런 얼굴 있어 좋은 동네
바람의 언덕

선대의 은덕

오! 그 시절,
보릿고개 그 시절,
보리흉년 그 시절,
배고파 허덕이던 그 시절,
몸에 병이 나도 어찌 할 수 없던 시절,
콩 새 네가 하는 옳은 말도 헛말이 되던 시절,
밥이라도 굶지 않고 사는 그 사람 말 헛말도,
오른 말이 되던 시절,
지금은 먹는 것이 남아도는데,
배고파서 고생 하였다고 말하면,
그 사람들 못 들은 척 하네 모르는 사람들
그 시절 지금은 추억이 되었네
그 시절에는 그래도 물 맑고 공기 맑았지,
그 시절 그 콩 새 지금 어디 에서 손주 안고 있겠네,

독후감

사람이 책을 만들고
책은 사람을 만든다고 하시네
참 좋은 책 한 권 보았네,
참 좋은 시집 한 권 보았네
시인이면 다 같은 시인 인가
문학박사께서 쓰신 시집 보았네

프란체스코의 아침
햇빛 비치는 아침을 가고 있다고 하시네
참 좋은 시집 그 시집 사십팔 페이지 글 구절에
일부는 몽돌 밭을 가고
일부는 해금강 쪽으로 가게 될 것이다

가게 될 그곳이 나의 선대가 사시던 곳
그 삼 가람에서 방향을 찾던 어린 청년
지금 노인이 되였네
노인 되신 어린 청년 아직은 하면서 활개 치시네
세월은 유수라 했던가
이미 팔순 세월 눈앞이네

팔순 되신 어떤 노인 생신 기념으로
비행기에서 뛰어 내리신다
고공낙하시네
그 노인 부인께서 낙하장면 구경하신다
언제 철들는지 모르겠다고 하시네

3부

고향까마귀

오골계(烏骨鷄)

추운 그 어느 해
서대문 그 어느 재래시장
어느 좁은 시장골목 입구사거리
그 한가운데 눈(雪)무더기 하나 생겼네
그 주위에 몸이 드럼통같이 생긴 무장한 늙은 여인들
그 앞에 배추 몇 포기 총각무 몇 다발 놓고
굴뚝도 없는 연탄불 앞에 앉아있네
바로 앞 약국에 가운이라고 하는
흰 옷 입은 사람들이 왔다 갔다 하네
많이 배운 사람들
멀지 않은 곳에 교통파출소 간판도 보이네
그 안에도 제복 입은 젊은 사람들 왔다 갔다 하네
초겨울에 내린 그 눈 무더기
모진 추위 그 삼동 다 지나고
훈훈한 그 바람맞고 따뜻한 그 햇살 받아
시나브로 없어지네
먼지 되어 없어지네

戊戌年에 생긴 일

어찌 보면 자식보다 더 귀하게 생각하는 것 같은
밖에서 얻어진 인연
참말로 좋아하다 못해 사랑한단다

어느 날 밖에서 깽깽하고 울고 들어온다
아주머니 깜짝 놀라 물어본다
어떤 사람한테 물렸단다
그리고 도망갔단다

아주머니 기가 막혀
개 주인 밖을 내다보고 소리 지른다
어떤 인간이 남의 개를 물었느냐고
이웃집 아주머니 설명하신다
개판이라서 그렇다고 그러는 거라고

대나무[竹]

언제부터 이 세상에 오셨는지 알 수는 없지만
대나무는 인간한테 도움을 주기 위하여 오셨다고 믿고 싶네
잎은 동물의 먹이가 되고, 나무의 몸통은 각종 농기로부터
인간 생활에 필요한 각종 도구로 사용되고
종이가 발명되기 전에는 대나무로 책을 만들었고 온갖 것을
만들어 인간 생활에 활용하였네
언덕이 무너질 위험이 있을 적에는 사방용으로 대를 심어 예방하고
화가는 그림 감으로 서예가는 글감으로 사용하고,
유식한 양반은 절개와 기백의 표상을 삼고,
한의학에서 약재를 사용하고
대나무가 우리 인간생활에 요긴한 것을 생각하면 두 손이 절로 앞으로 모아지네

추탕(鰍湯) 사건

미꾸라지는 가을에 좋은 고기라고 하시는데
손 없는 어느 좋은 날 점심때에
안내 하는 늙은 여성
잘하기 위하여 노력하다
어찌하여 내 옷에 술을 쏟아
나는 당황 서러운데
옆에 계신 대선배께서 지나가는 말씀으로
내력을 설명하신다
손안에 마음을 담아 남몰래 愛 전해주는
방법이라 하시네

나는 언짢은데…

곤충(昆蟲)

자기는 땅을 밟지 않고
허공을 밟고 산다고
식사를 해도 이슬로서 대신한다고
삶이 고달프면 높은 나무아래서
노래하고 산다고

땅을 밟고 사는 동물을 얼마나 하시 하였는가
그런데
그대가 하시 하는 다른 동물은 다 알고 있는
거미줄을 모르는 그대는 누구십니까?

토끼 사랑

호랑이 없는 산골에
토끼가 대장 되었네

토끼야 네가 분명 대장이면
이리저리 뛰지 마라
너 때문에 다른 짐승은 어지럽네

토끼야 네가 분명 대장이면
눈 덮인 험한 길을
함부로 뛰지 마라

네가 뛰어간 그 발자국을
다른 짐승이 따라갈 것이니까

능금 색깔

능금 같은 능금 색깔
그 색깔 끈을 잡고

서산을 넘어가는 햇살
어깨 넘어 바라보네

햇살 넘어 바랜 햇살
유난히 쳐다보이네

柰 능금 내, 사과 내
바랜 빛깔이 엷어지거나
윤기가 없어지는 것

고향까마귀

산도 옛 산이 아니고
물도 옛 물이 아니고

사람도 옛 사람 없고
세상 다 변하였는데

어느 것이 암컷이고
어느 것이 수컷인지

분간 할 수는 없어도
그 옛날에 그 까마귀

그 목소리 오늘도 내
고향을 지키고 있네

새로 읽는 사랑 祭

- 제사를 모시는 정성으로

어떤 유행가 가사처럼
가진 것은 없어도 마음뿐이라고 하는데
나는 그대에게 줄 수 있는 그 무엇도
다 가지고 있습니다
그러나 나는 당신께 줄 수가 없습니다
나는 땅 위에서 태어났고
당신께선 하늘에서 오신 분이기 때문입니다
잠자리는 잠자리로 날고
매미는 매미대로 울듯이
오늘 하루도 오늘 하루로 받으소서

보따리 속에는

꽃보다 좋은 나이에
꿈을 따라 떠나올 때
부모님께서 건네주신
보따리 꼭꼭 싸매두었다가
팔십 넘어서 풀어보니
금과옥조의 한 말씀
단디해라이

어떤 대회장

나도 어릴 때는 어린이란 말 들었다
청년 때는 청년이란 말도 들었다
그런데 언제부터인지 뒤에 있는 느낌이 들어
다시 돌아보니 남의 뒤에서 있는 것이
분명하였다
지나가던 어떤 노인이 나에게 물어보네
멍 때리기 하는 대회장 어디냐고?

바보와 천치 사이

목욕탕에서 16번의 사물함 번호를 받았다
이리 저리 해봐도
문이 열리지 않아서
담당을 불러 물어보았다
그 번호는 91번이란다
그리해서 옥신각신 말썽이 생겼다
주인까지 왔다 양쪽 말을 듣더니
어르신 말이 맞다고 했다
포청천의 몇 대 자손인가
다시 쳐다 보이네

호(好)

여자와 남자가 나란히 서있는 것만이
좋은 것이 아니라네 찬바람 불어
좋은 날에
좋은 스승 모시고
좋은 내빈 모시고
좋은 학우 모신 자리
좋은 마당에
좋은 음악 깔린 그곳에
좋은 시인 안성우 깊은 시성(詩性) 엮어
좋은 시집 출간하고
좋은 박수 크게 받고
좋은 후대 감사하여
좋은 하객 전부가 입이 옆으로 찢어졌네

효자

그 추운 겨울 지나
그 모진 삼동 지나
그 좋은 봄날에
그 부모님에
그 따뜻한
그 몸에서 태어나
그 좋은 시절
그 좋은 여름 잘 보내고
그 좋은 가을 다 보내고
그 모진 삭풍 오기 전에
그 몸 먼저 땅에 눕네
그 몸 삭혀 거름되게 하여
그 부모님 겨울 나는데 도움 주네
그 나무에 집을 짓고 사는 짐승들
자기새끼에게 먹이 주고 우두커니
쳐다보네

그때는

호랑이 온다고 하면 무서웠고
순사 온다고 하면 무서웠고
구석진 곳에 가면 도깨비 나온다고 하면 무서웠고
음식도 단맛이 나면 좋은 음식인 줄 알았는데
지금은 그 음식을
건강에 좋지 않다고 기피하네
색깔도 붉으면 좋은 색 인줄 알았는데,
지금은 그 색을 보면 무서운 생각이 먼저 드네

벌초(伐草)

묵은 고향
묵은 조상
묵은 묘소
묵은 잡초
그 잡초를 벌초하니
내 마음도 시원하네

미인

참 예쁘다
아무리 봐도 예쁘다

삼십대의 확 늙은 여인
사십대의 초반 여인
아주 젊은 여인
한 손에 면경 들고 한손에 무선 전화기 들었네
딴 생각하지 않고 건널목 건너간다
손바닥 뒤집혔다

확 늙은 영감 만났다
황금으로 된 옷을 입고 황금으로 된 부채 들고
머리카락 수염 눈썹은 한 덩어리가 되어 얼굴이 안 보인다
하도 이상하게 생겨 누구시냐고 물어본다
염라대왕이라신다
미인께서 무슨 말인지 알아듣고 깜짝 놀랜다
그리고 소리 지른다

내가 얼마나 예쁜데

남자들이 나를 얼마나 좋아하는데
대왕님은 여자를 잘 모르신단다
그리고 펄펄 뛴다
대왕님 인터폰 누르신다
무엇이 들어온다

몸은 집동같이 생겼고, 눈알은 주먹 덩어리 같고
팔뚝은 집단같이 생겼다
손에는 창살이 박힌 몽둥이 들고 들어온다
그리고 대왕님 앞에 넙죽 절 하신다

대왕님께서 말씀하신다
저 여인 오십년 더 명천에서 살다올 수 있도록
염라장부 고치시란다

깜짝 놀라 눈을 떴다 병원이었다
미인 가만히 생각한다
대왕님의 말씀 따라 오십년을 더 살면 구십 대 나이인데
무엇이 아까우리 마이너스 통장 신용카드 있는 대로 정리하여
강남역 뒤 병원에서 확 고친다

이것저것 다 고친다

거울 쳐다보니 자기 자신도 물라볼 정도 예뻐졌다
친구한테 전화 왔다
고칠 수 있는 것 다 고쳤다고 자랑한다
거울 한 번 더 쳐다보고 밖에 나왔다
한 손에 면경 들고 한 손에 전화기 들고
수다 떨면서 건널목 다 건너왔다

그곳에서 염라대왕 또 만났다
미인 싹싹 빌고 사정한다
한 번만 더 봐 달라고 하도 간절히 빌어 염라대왕 마음 바뀐다

대법전 펼치신다
그리고 탁 덮는다
이사부재리(二死不再理) 란다

절에 가서 절한다

산마다 절[寺]이 있고
절마다 부처님 계시는데
부처님 다 같이 닮았다
귀(耳)가 작은 부처님 보이지 않네
그래서 부처님은 옛날부터
있었는 갑다

4부

삼성산 가는 길

규정(閨情)

- 한시 유감

봄이 되면 오신다고
다 짐 두고 가시더니
뜰 끝에 매화 져도
오실 줄 모르시네
문 앞 나뭇가지에
까치 깍깍 짓 사옵기
허사인줄 알면서도
화장 곱게 하였소

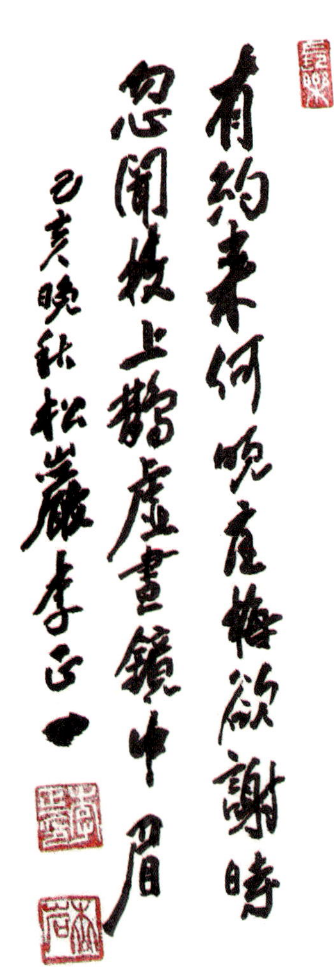

명(明)

- 김소현 학우님에게

햇빛만 하여도 밝은데
달빛까지 더하여 밝은 명이라 하였던가
성인의 말씀에 일가친척 중에
착한 일을 하는 한 사람만 있어도
사돈까지 복을 받는다고 하시네
학우 중에 밝은 학우 한 분 있어
동창(同窓)이 환하네

풍진세상(風塵世上)

티끌도 바람과 함께 모여들면
태산이 된다는데
밖에 나가기도 어렵드니
결국은 앞을 막는 산이 생겨났네
어차피 생겨난 산이면
소금산이 되소서

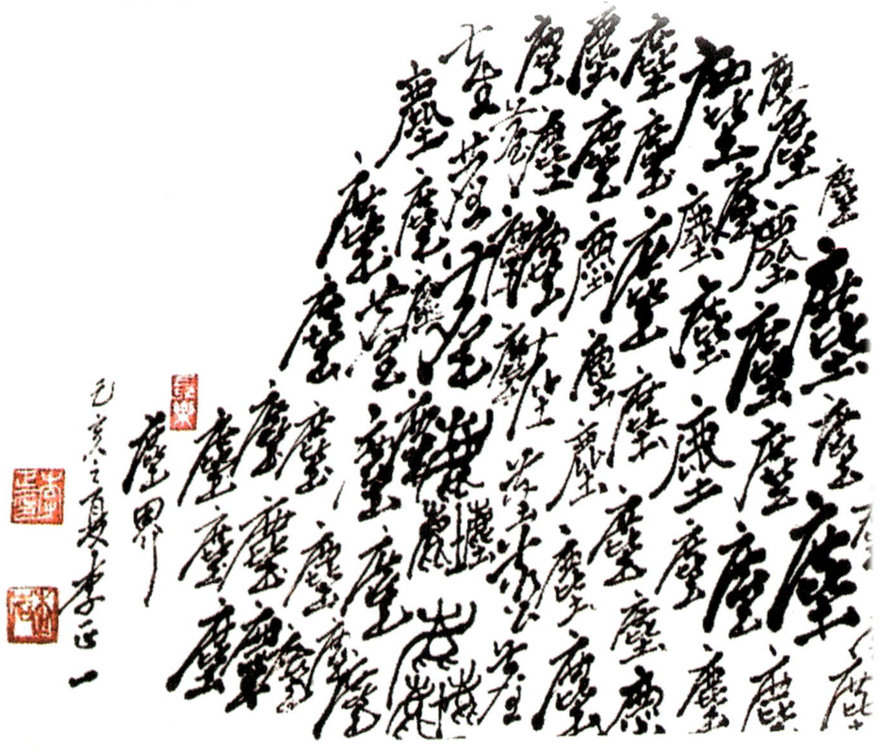

염기(鹽氣)

흔한 것도 소금이고
귀한 것도 소금이고
그 넓은 바다
각종오물
각종쓰레기
아무리 몰려와도 거부하지 않는 건강한 바다
그 바다도 소금의 힘으로 건재하다네
노래를 조작 할 때 도 소금의 맛이 필요하다네
어떤 선각자께서 이세상에 소금이 되 시라네

내가 소금이라고 소리치는 그 대여
그 대도 소금기 떨어지면
구더기 밥이 될 것을….

연주암*에 절하기

절에 가서
절을 하면
큰 복을 받는다고 하기에
큰절하고 하산 길에
큰 복 받은 그 무게 느낄 수 없고
괜히 마음만 가벼워졌네

* 연주암 : 관악산에 있는 암자

신당(神堂)

울진 어느 곳에 신당초막 한 채 있네
조심스런 마음으로 살포시 그 문 열어보니
아주 예쁜 젊은 여자가 벽에 서 있네
그 앞 천장에 달려있는 잘생긴 남근들
많은 남근 엮어있네
바로 옆에 끝이 보이지 않는 바다 있네
검은 바다에 흰 파도가 치고 있네
어떤 시인 허연 이빨이라고 하네

고향의 소나무

가늘고 곧은 나무
서까래 감으로 베어가고

못생기고 실한 나무
기둥감으로 베어가고

쓸모없는 굽은 나무
천년의 고향 지키네

고향에 계신 친구 귀하

세월이란
쉬지 않고 흐르는
물과 같다 하시네
어정 세월
팔순이 눈앞이네
때는 가을 추(秋) 거둘 수(收)라
애써 지은 평생 농사
칠 칠 흘리지 마시고
잘 거두어들이소서
여불비 하나이다

고향

옛 사람 보이지 않네
옛날 집도 보이지 않네
정든 돌담 없어졌네
때 묻은 돌담 없어졌네
그 돌에 붙어살던 돌나물 없어졌네
내가 놀던 앞 내(川)도
새로운 축을 쌓아 옛날 모습 없어졌네
모닥불 피우던 자리 에어컨 앉아있네
집집마다 자동차 있네
어린 학생 손에 무선전화기 들여있네
할머니 할아버지 손에도 들려있네
고향은 좋아졌네
고향은 젊어졌네
옛정은 찾아볼 수 없네

보태기

문이재도(文以載道)*라
글만 안다고 해서
도사가 되는 것은 아니라네

* 재주만 앞세운 영혼 없는 글을 질타한 공자의 말로 진정한 지식인이라면 글 속에 송곳 같은 진리를 담아야 한다는 뜻

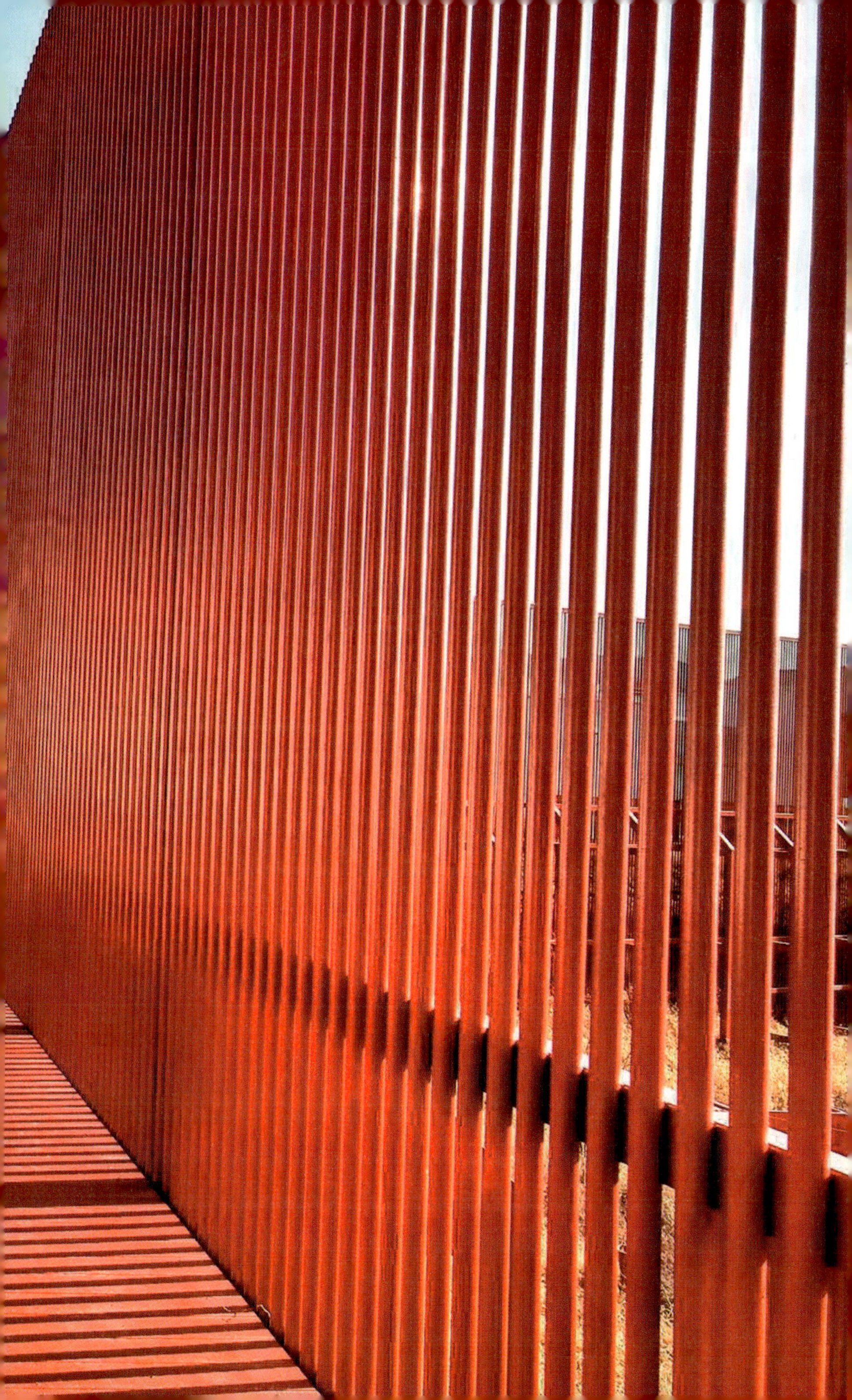

고향 친구

모진 뿌리에 걸려 앞으로 못나가고
남의 비 맞아 제대로 자라지 못하고
환경이 그런 시절이라고 하기에는
너무도 가혹했던 시절
어찌하다 뿌리내리고 움이 트고
자리 잡아 쑥대로 사리 문 달고
하늘만 쳐다보고 살던 친구
깊이 패인 주름에 원숭이 앞발 같은 손으로
반갑다고 내 앞에 내밀던 친구
그 험한 손에도 온정은 남아있네
사금파리 장난감으로 놀다간 짓 대들고 무지개 잡으러
같이 가던 고향에 묵은 친구

오늘은 다시 보니 용이 되어있네

작품해설

만능 예술가로서의
표본을 보여주다

김 순 진

(문학평론가 · 고려대 평생교육원 교수)

작품해설

만능 예술가로서의 표본을 보여주다

김 순 진(문학평론가 · 고려대 평생교육원 교수)

연담(硯潭) 이정일 선생께서 팔순을 기념하여 문집을 하나 엮으시겠다고 말씀하신 것은 지난해 말쯤이다. 선생께서는 "내년이 팔순인데 책 하나 엮으면 어떨까요?"하고 물어오셨다. 나는 흔쾌히 좋다고 말씀드리고 한 번 댁으로 방문하겠노라 말씀드렸다. 그동안 나는 이정일 선생을 학구열이 대단하신 분으로만 알고 있었다. 왜냐하면 선생께서는 고려대 평생교육원시창작과정에서 필자로부터 시를 배우셨고, 한국문인협회 평생교육원에서 강희근 교수로부터 시를 배우셨다. 그리고 요즘 코로나19바이러스로 인하여 한국문인협회 평생교육원의 수업을 진행하지 못하고 있지만 지금도 이혜선 교수로부터 시를 배우는 학생의 신분이시니 말이다. 이에 나는 시에 대한 열정이 하도 대단하셔서 시집으로만 엮는 줄 알았다. 그런데 선생의 댁을 방문하고 나서 나는 연담(硯潭) 선생에 대한 기존의 존경심이 훨씬 업그레이드되었다. 댁을 방문하고 보니 당신은 실로 어마어마하게 작품 활동을 해 오신 빼어난 서예가이셨던 것이다.

연담(硯潭) 선생께서 '이런 것을 책에 넣어도 되겠느냐' 겸손해하시며 꺼내놓은 서예작품은 내 눈을 동그랗게 만들기에 충분했다. 선생은 해서로부터 전서, 예서, 초서에 이르기까지 광범위하게 서예의 영역을 넘나들고 계셨다. 게다가 선생은 다른 작가의 서예 작품도 엄청나게 소장하고 계셨는데 나는 다 넣어드리고 싶었지만, 본인의 작품과 소장품의 대부분을 추려내시며 일부만 넣고 싶다고 강하게 피력하셨다. 이에 나는 연담(硯潭)선생님의 말씀에 따르기로 하면서 또 다른 마음의 결정을 내렸다. 단순히 시집을 내드릴 것이 아니라, 선생님의 일생을 정리해드리고 싶었다. 하여 팔순을 기념하는 시집으로 만들자고 말씀드리고, 이들 서예작품과 소장품, 그리고 활동해온 모습을 책의 앞부문에 칼라로 넣어드리기로 했다.

연담(硯潭) 선생은 파고(波高)가 드높았던 우리 근대사의 파란만장한 세월을 온몸으로 관통해오면서도, 일찍이 서예가로 색소폰연주가로 활동해 오신 분이었음을 알았을 때 또다시 감동이 밀려왔다. 말하자면 선생은 노후에 어떻게 살아갈 것인지에 대하여 젊어서부터 철저히, 그리고 차근차근 준비해 오신 분이었다. 이정일 시인은 어렵고 바쁜 생활전선에 놓여 있었음에도 한 발을 취미와 자기계발에 내놓고 끊임없이 정진해오신 것이다.

지금처럼 오래 사는 것이 일반화되지 않은 시절에 여유로운 노후를 위하여 색소폰을 배우고, 서예를 하며 시를 배우려는 마음을 가진다는 것은 결코 쉬운 일이 아니었을 것이다.

보통 일반인들은 우리 시인들을 향한 시선이 곱지 않다. "시를 쓰면 밥이 나오느냐 돈이 나오느냐?"가 시인들에 대한 그들의 일관된 물음이다. "시인은 배고프다."는 말은 시인을 팔자 좋은 사람의 취급을 넘어서 조롱과 하대의 대상을 바라보는 말이었다. 그런데 이정일 선생이 시를 배우는데 그치지 않고 서예와 색소폰까지 했다는 것은 과히 정신 나간 사람 취급을 당했을 것 같다. 그런 시선에도 아랑곳하지 않고 달나라의 토끼, 즉 이데아에 살고 있는 세 마리 토끼를 모두 잡은 그는 도끼자루 썩는 줄 모르는 이태백의 반열에 오르고 있다.

그럼 이쯤해서 이정일 시인의 시 몇 수를 들여다보면서 그의 마음 세계를 여행해보기로 한다.

> 옛날 중국 기 나라에
> 기 씨 성을 가진 사람이 살았다네
> 기 씨는 하늘이 무너지면 어떻게 할까 생각하고
> 항상 걱정을 하고 살았다네
> 하루는 현자가 나타나서 기 씨의 귀에다 대고
> 무슨 말을 하였다네
> 그때부터 기 씨는 밝은 마음으로 살았다네
> 그 후로 어리석은 생각이나
> 안 해도 될 생각을 기우라고 하였다네

어제는 가을이고 오늘은 겨울인데
멀지 않아 봄이 되면 제때에 알맞게 비가 내려
응 그럼 이 갈대로 간 논바닥에 고루 물 뿌려져서
온갖 곡식 풍년 되고 태평성사 바라네
몸은 늙어 부자연스러워도
꽃피는 것 싫지 않네

– 「기우(杞憂)」 전문

이정일 시인은 앞서 말한 바와 같이 한문 서예가다. 서예가는 아무래도 중국의 고사를 많이 알게 된다. 중국 고사의 일부분을 발췌하여 작품으로 하는 경우가 많기 때문이다. 하여 이정일 시인은이 시집 속에서 「기우(杞憂)」, 「복수불반분(覆水不返盆)」, 「비빌 뺑(粜飠)」, 「의기(欹器)」 등 고사에 근거를 둔 시를 내놓는다. 들으면 모두 교훈이 되는 이야기들이다. 그렇지만 이정일 시인은 이들 고사를 통한 흥미요소를 시의 주된 목적으로 삼는다. 그래서 그의 시는 재미있다. 조선시대 시조문학의 문제점은 지나치게 교훈을 목적으로 쓰였다는데 있다. 조선시대의 문학이 권선징악을 주제로 한 문학이었다면, 조선시대 시조의 특징은 크게 세 가지였는데 '1. 성군(聖君), 2. 충성, 3. 효도'가 그것이었다. 따라서 당시의 시조는 지식인층만을 위한 문학이었고 일반백성으로부터 배척되었다. 그리고 그의 반동으로 일어난 문학이 패관문학이었다. 지식층, 권력층에 의한 문학이 아닌 민간 사이에 떠도는 이야기들을 소재로 삼았기 때문에 폭발적인 인기를 모았는데, 결국 문학의 목표를 흥미로 삼았기 때문이었다. 시의 특징에 교훈은 들어있지는 않다. 독자는 무엇보다도 재미를 우선으로 작품을 대한다. 재미가 없는 문학은 독자로부터 외면 받는다. 시를 체계적으로 공부하지 않는 사람들 사이에는 교훈이 마치 시의 주된 주제로 착각을 하는 경우가 많다. 지식자랑을 시의 방편으로 삼는 경우도 많다. 그래서 독자를 가르치려 하고, 어려운 한자말이나 외래어를 늘어놓으며 유식한 척한다. 문학은 철저히 흥미를 요구한다. 그러기 위해서 문학이 특별히 요구하는 것이 있으니 이른바 남녀상열지사 같은 것이다. 즉 남녀의 사랑이나 인간 삶의 단면이 문학의 주된 목표이어야 한다. 그런데 이정일 시인의 시는 대부분 인간 삶의 희로애락을 노래하고 있고, 반복이나 말꼬리 잡기 같은 묘사시를 써내고 있어 흥미롭다.

저 아래 점방에 가서
콩지름 천원어치 사고
조푸* 한 모 하고
참지름 쪼그마한 거 한 병 사오이라
그라고 청 좀 딱 아라 아부지 올 때 댓다

고등학교 다니는 딸이
엄마 말을 알아듣지 못한다
엄마 뭐라고 했노?

---

* 두부의 경상도 방언

엄마가 보굴[**]이 났다
이놈의 가수내가
탁!

– 「숙자 엄마」 전문

이 시는 경상도 지방에서 통용되는 사투리를 묘사심상법으로 써낸 시다. 운문의 묘사와 산문의 묘사는 근본적으로 다르다. 산문 묘사는 분위기 묘사와 심리 묘사를 치중하는데 반하여, 운문의 묘사는 반복, 동음이의어, 사투리 등을 사용하여 해학적이나 리듬에 치중한다. 이정일 시인은 이 시에서 일반인들이 잘 못 알아들을 사투리를 여러 번 사용하여 시를 이끌어나간다. 경상도 지방에서 '조푸'라 불리는 음식은 표준말로 '두부'를 가리키는 말이다. 그런데 전혀 알아들을 수가 없다. '부추'는 지방에 따라서 정말 많은 사투리를 가지고 있다. 북한지방에서는 '부추, 염지, 염주, 부초, 푼추, 분추, 푸초, 부치'라 부르는데 반하여 남한지방에서는 '부추, 졸, 줄, 솔, 정구지, 정고지, 전구지, 소풀, 소불, 쉐우리, 세우리' 등으로 다양하게 불린다. 그런 사투리는 이정일 시인이 시에서 인용하듯, 자주 써주어야 독자에게 읽힐 수 있게 되고 그 명맥이 이어진다. 이정일 시인은 이 시에서 수많은 경상도 사투리를 등장시킨다. "점방 = 가게, 조푸 = 두부, 청 =

** 골(骨)의 경상도 방언

마루, 보굴 = 화, 가수내 = 가시내"가 그것이다. 공식적으로 말할 때와 논문, 과제물 등을 쓸 때야 표준말을 쓰는 게 당연하지만, 시에서는 사투리를 비롯하여 속어 줄임말 등 다양한 언어가 사용된다. 신선함과 재미라는 두 마리 토끼 중 한 마리만 잡으면 그 시는 성공한 시라 할 수 있기 때문이다.

한 친구 부모유산 물려받아 어렵게 살다가
자기도 모르게 몇 백억 부자가 되었네
또 한 친구 부모유산 정리하여 사업한답시고
한때는 잘나간다고 소문났던 친구가
지금은 별로 재미가 없어 초라하게 된 친구
오랜만인데 만나서 소주 한 잔 하고
얼굴도 한번 보자고 부자 친구한테 연락하여 반갑게 만났다
부자 친구가 자기가 점심 산다고 좋은 식당 있다고 안내한다
가정식 백반 오천 원 써 붙여놓은 구석진 식당으로 안내한다
소주 두 병 하고 간단한 안주 한 접시 식혀 놓고
콩 팔 칠 팔 한다 식당 아주머니 얼굴 찡그린다
초라한 친구가 이제 가자고 일어선다
부자친구가 자기가 계산한다고 캉캉 소리친다
호주머니 손을 넣는다 돈이 없단다
깜빡 하고 지갑을 안 가지고 왔단다
사업에 실패한 친구가
얼마냐고 물어본다
만 삼천 원이란다
초라한 친구가 계산하고

걱정 어린 얼굴로 물어본다
집은 어떻게 갈 거냐고?
부자 친구 자기 몸을 한참 더듬거리더니 지하철 카드는 있단다

－「돈 없는 부자」 전문

가치관이란 시대와 환경에 따라 변하는 것이다. 자본주의사회에서는 돈이 최고의 가치처럼 보인다. 그러나 그것은 지극히 주관적인 판단이다. 가치를 어디다 두느냐에 따라 가치의 기준이 변하게 된다. 어떤 사람은 건강에 가치를 두고, 어떤 사람은 동심에 가치를 둔다. 어떤 사람은 사랑에 가치를 두고, 어떤 사람은 화목함에 가치를 둔다. 어떤 사람은 소유에 가치를 두고 어떤 사람은 나눔에 가치를 둔다. 나는 가장 값진 가치는 동심이라고 누차 말해왔다. 나는 얼마만큼 맑은 동심을 가지고 있느냐에 따라 행복의 척도가 달라진다고 믿는다. 그래서 가랑잎 굴러가는 것만 보아도 웃음이 난다면 그 사람은 해맑은 사람을 평가받는다. 금전이 최고의 가치로 평가되는 사회는 배제되어야 한다. 돈이란 물물교환의 불편함을 개선하기 위한 약속일뿐이지, 돈으로 인해 우리 스스로가 얽매이는 노예가 되지 말아야 한다고 수많은 사람들이 주장을 펴왔다. 잘 산다는 개념이 돈이 많다는 개념은 아니다. 잘 산다는 것은 얼마만큼 행복한 삶을 살고 있는가에 관한 문제다. 척박한 환경에도 서로 위하고 돌보며 개인의 행복을 지원하는 가정이 많다. 예술원 회원이셨다가 작고하신 성찬

경 시인의 댁을 가본 적이 있다. 성찬경 시인의 가족 네 사람은 모두 예술가라고 했다. 사모님은 수필가요 자녀들은 성악가라고 한다. 내가 처음 가본 성찬경 시인의 집은 쓰레기장 같은 느낌을 받았다. 집에 대문에는 이름으로 쓰인 문패 대신 '물질고아원'이라는 문패가 붙어 있었는데, 성찬경 시인은 고장이 나거나 버려진 TV, 자전거, 다리미, 헬멧, 삽, 호미 등 버려진 물건들을 다시 재구성하여 뜨락과 거실, 서재 등에 비치해놓고 있었는데 일반인들은 그저 쓰레기로만 보일 뿐이었다. 그렇지만 성찬경 시인 가족은 물질로 이루어진 고아들을 자식으로 분양받아 잘 돌보면서 이를 통해 행복을 재생산하고 있었다. 이를테면 동심을 가진 사람들이 이뤄낸 행복이라 할 수 있다. 돈이란 어떻게 버느냐도 중요하지만 어떻게 쓰느냐가 더욱 중요하다. 가수 김장훈은 독도의 홍보를 위하여 개인의 사비를 들여서 뉴욕타임즈 신문에 엄청난 돈을 들여 자주 광고를 한다. 방탄소년단은 최근 미국 경찰이 무릎으로 흑인의 목을 눌러 사망에 이르게 해 촉발된 세계적 인권운동과 공연업계를 위해 써달라고 200만 달러를 기부했고, 이 소식을 들은 방탄소년단 팬들은 우리도 가만히 있을 수 없다면서 순식간에 200만 달러의 성금을 모았다고 한다. 이정일 시인의 이 시에 나타난 부자는 미루어 짐작하건대 수전노에 가깝다. 부자가 밥을 산다며 친구를 오천 원짜리 가정식백반집으로 데려간 것을 보면 그렇다. 게다가 지갑을 안 가져왔다며 밥값을 지불하지 못한 걸 보면, 그 사람의 습관이 원래 돈을 낼 때쯤이면 화장실을 가거나, 신발을 신는다고 꾸물거리고, 지갑을 안 가져왔다고 발뺌을 하는 등 수전노 행동을 하는 사람이 맞는 것 같다. 행복은 나눔에서 나온다. 부자라고 해서 기부를 잘 하는 것은 아니다. 어려운 과정에서 작은 돈을 쪼개서 기부하고 나누는 사람들은 얼마든지 있다. 수해가 나고, 산불이 날 때 방송국에 줄을 서서 기부하는 사람들은 샐러리맨을 포함한 소시민들이다. 전화 한 통 돌려서 2000원이 기부되는 ARS방식 기부도 소시민들에 의해 짧은 시간에 몇 십억씩 기부된다. 기부하지 않는다면 성공한 사람 아니다. 기부할 줄 모르면 부자가 아니다.

옛날에는 산을 가도 나무가 듬성듬성 하여 놀기가 좋았다
나무 끝에 놀고 있으면 시인들께서 삭풍이란 이름 붙어
좋은 대우를 받았고 들판으로 내려오면 동장군이란 이름으로
최고의 칭호로 살았는데 지금은 갈 곳이 없어졌네
재래시장 노점상아주머니 찾아가면
방한복이란 옷으로 막아서고 길거리 나와 보니
롱패딩이란 물건이 막아선다
어디를 갈 줄 몰라 헤매는데 어머님이 부르신다
더운 바람 온다고 빨리 집으로 들어오란다

- 「장군의 탄식(歎息)」 전문

이 시에 등장하는 장군은 이순신 장군이나 을지문덕, 강감찬, 양만춘, 임경업 그런 장군의 이름이 아니다. 동장군이라고 하는 겨울의 은유적 표현이다. 겨울이 얼마나 추우면 그 기세가 장군

같다고 했을까? 내가 태어나고 자란 고향 포천의 이동면에서는 해마다 동장군축제를 개최한다. 지난겨울이었던 2020년 1월에는 16회째 개최되었다. 그런데 문제는 동장군이 기를 못편다는 것이다. 날씨가 따뜻해서 얼음이 얼지 않는다. 인공적으로 얼려놓은 얼음성과 얼음미끄럼틀도 따뜻한 겨울날씨로 인해 녹아버린다. 그래서 날짜를 연기하거나 행사를 축소하는 등 따뜻해진 겨울로 인해 제대로 된 동장군축제가 파행을 겪고 있다. 이동면에서 개최되는 동장군 축제장의 백운산 정상을 넘어가면 강원도 화천군이 나온다. 그곳에서는 해마다 산천어축제가 열린다. 100만명 이상의 관관객 유치에 성공해 세계적인 축제로 자리매김하고 있다. 그런데 그곳에도 날씨가 문제다. 지난겨울에는 그 축제 역시 얼음이 제대로 얼지 않아서 파행을 겪고 있으니 말이다. 우리가 어린 시절에는 포천 이동의 날씨는 영하 20도를 넘나드는 매서운 날씨였다. 개울이 모두 꽁꽁 얼어 몇 십리를 내려 썰매를 타고 내려갔다가 버스를 타고 되돌아오기고 했다. 그런데 지금은 흐르는 물이 얼기는커녕, 논에 설치하던 고인 물도 얼지 않아 스케이트장 영업을 할 수가 없다. 말하자면 동장군께서 장렬히 전사한 셈이다. 아니면 전쟁이 일어나지 않아 동장군이 전쟁터에 나가지 못한 셈이다. 어릴 때 어머니들은 갖가지 옷의 실을 풀어 스웨터를 뜨거나 뜨개바지를 떠 자녀들에게 입히며 겨울을 났다. 방한복이라 해야 인조 솜을 넣은 다우다 점퍼나 골덴 점퍼가 최고의 방한복이었다. 지금의 오리털파카의 방한 능력과는 비교가 되지 않을 만큼 외풍을 막는 성능은 미비했지만 그 당시

아이들은 추위에 견디는 자생력이 있었다. 그런데 지금 아이들은 오리털 패딩을 무릎 아래까지 내려 입으면서도 조금 추위가 오면 고작 영하 2,3도의 추위에도 체감온도가 -10도C 이하라며 부모들도 자녀들의 외부활동을 막고, 자녀들 역시 겨울을 무서워하며 방구석에서 게임을 하느라 여념이 없다. 만년설이 녹아 남태평양 연안의 피지, 통가, 나우루, 서사모아 같은 나라는 수면상승으로 지도에서 지워질 위기에 놓여있다. 온대기후였던 우리나라는 이제 아열대기후이거나 난대기후라고 한다. 30년 전에 비해 평균 5도 이상이 따뜻해져, 따뜻한 기온을 인해 인삼이 뿌리째 썩어가고, 문경, 영주, 대구 등지에서 재배되던 사과가 영월이나 포천에서도 잘 자란다고 한다. 동장군이 탄식하는 소리가 들린다.

말 많은 세상에 그 말 다 들어 무엇 합니까
남의 말 하듯이 하는 말들
보았냐고 물어보면 그렇다고 하더라는 말들
그 말 다 들으면 섭섭한 마음 생깁니다
전부 다 들어도 다 들은 척하지 마십시오
전부 다 보아도 다 본 척하지 마십시오
섭섭함을 참는 것도 능력입니다
겨울에는 날카롭던 바위 언덕도
산천이 무성(茂盛)하니
그 잎에 덮여 보이지 않습니다
그러나 멀지 않아 진 잎 되고 낙엽지면

그대로 나타날 것입니다
한강은 어제도 오늘도 또 내일도
쉬지 않고 흐릅니다

– 「이씨 아저씨 귀하」 전문

이 시는 이정일 시인이 자신에게 주문을 거는 시다. “남의 말 듣지 마라, 보아도 못 본 척 하라, 천년 영화 없고 천년 가난 없다, 그렇게 지지고 볶아도 한강은 수천 년 말없이 흐른다. 그러니 남의 말 듣지 말고, 남의 일에 참견 마라. 너 할 탓이고, 너 하기 나름이다.”라는 주문을 자신에게 걸고 있는 시다. 나는 이 시를 통하여 이정일 시인께서 올바른 가치관, 올바른 몸가짐, 올바른 행동을 위하여 얼마나 자신을 갈고 닦으며, 채찍질하고 다독이는지 알 수 있을 것 같다. 그런 마음가짐을 통해 그렇게도 빼어난 수많은 서예작품이 태어났을 것 같다. 이 시집은 가히 1187년에 완성된 중국 송나라의 유자징이 지은 수양서적 『소학(小學)』을 읽는 듯하다. 조선시대에 천자문을 공부한 아이들이 다음 교과서로 배우던 박세무가 지은 『동몽선습(童蒙先習)』을 읽는 듯 자신을 뒤돌아보게 한다. 도덕경(道德經)이라 불리는 『노자(老子)』를 읽는 듯 옷매무새를 여미게 한다. 이정일 시인의 시집 『흔적(痕迹)』은 한 사람이 이 세상에 왔다 간다는 흔적을 보여주는 책이다. 인간이 보여줄 수 있는 흔적은 무엇이 있을까? 인간이 사용했던 옷이나 안경, 가방이나 신발 등도 흔적이 될 수 있다. 그 사람이 자주 쓰던 붓이나 벼루, 칼이나 가위 등도 흔적이 될 수 있다. 그러나 그러한 물건들은 인간의 체취는 남아 있지만 정신을 전하기엔 역부족이다. 우리는 흔히 "호랑이는 죽어서 가죽을 남기고, 사람은 죽어서 이름을 남긴다."라는 말을 해왔다. 그런데 사람마다 모두 자기에 이름을 후세에 남길 수 있을까? 가족관계등록부나 족보에 이름을 남길 수는 있다. 그러나 그런 흔적에 정신이 들어있는 이름을 남길 수는 없다. 정신이 깃든 이름을 남길 수 있는 방법은 오로지 글이나 그림, 음악 등 예술을 통하여 책을 남기는 일뿐이다. 지금 이정일 시인은 그 일을 하고 있는 것이다. 그가 쓴 글씨, 그가 쓴 시는 이제 이정일 시인의 가문에 영원히 남을 것이다. 우리 문학공원 출판사에서 펴내는 모든 단행본 출판물들은 '출판예정도서목록'이라는 번호를 부여받고 국립중앙도서관의 허락에 의해 출판된다. 이는 그 나라의 국립도서관이 자국에서 출판되는 국가문헌을 대상으로 자료가 출판되기 이전에 표준목록을 제공하는 제도다. 표준목록을 제공받은 출판사는 자료 출판 시 CIP 안내문을 표제지(속표지) 뒷면, 판지에 하단 등 해당 도서의 일정한 위치에 인쇄하여 출판하여야 한다. 그리고 국립중앙서관으로부터 ISBN이라는 국제표준도서번호를 부여받아 이를 책의 앞표지, 혹은 뒷표지 하단에 인쇄하고, 국립중앙도서관과 국회도서관에 납본된다. 납본된 도서는 국립중앙도서관과 국회도서관에서 영원히 검색되거나 대여해서 볼 수 있는 것이니, 지금 이정일 시인은 사람은 죽어서 이름을 남긴다는 것을 증명하고 계신 셈이다.

하루는 뱀이 쥐 사냥을 나갔다
구렁이 담 넘어가듯 넘어간다
빠른 쥐를 잡으려면 실수를 하지 않아야 한다
그런데 꼬리가 말썽을 부린다

다 같이 부모님한테서 태어났는데
왜 나는 항상 뒤에서 끌려가야 하느냐
꼬리가 투정을 부리며 안 가겠단다
매번 꼬리 때문에 쥐에게 들킨다

꼬리와 싸우다 보니 쥐는 도망가고
뱀 머리가 화가 났다
그러면 네가 앞서서 가라
꼬리한테 양보를 했다

꼬리가 길을 거꾸로 간다
한참 잘 가다가 농부가 피워놓은 모닥불에 들어갔다
머리가 꼬리에게 야단을 치고
서로가 잘못이라고 원망을 한다
싸우다 정신을 차려보니
천국을 날고 있다

독수리 발톱에 걸려서

– 「사냥」 전문

이 시는 지나친 욕심과 환경에 대한 불만을 경계하는 시다. 어릴 적 나는 아버지에 대한 불만이 많았다. 일찍 어머니가 돌아가신 것에 대한 원망과 가난에 대한 원망을 모두 아버지에게 돌렸다. 그래서 소년시절의 나는 반항적이었고 방황했다. 그런데 시를 접하면서 차츰 나를 찾아나갔다. 숙고하는 시간이 많아지고 길어지면서 주변에 대한 감사하는 마음이 깊어지고 다양해졌다. 이정일 시인이 이 시에서 인용한 뱀의 머리와 꼬리에 대한 이야기는 정말 많은 것을 느끼게 해준다. 우리는 '안 되면 조상 탓'이라는 말을 자주 써왔다. 조상의 산소자리를 잘못 써서 가세가 기울 수밖에 없다고 여기는 사람이 생겨났고, 그런 사람을 이용해 돈을 벌려는 풍수지리가, 역술가들이 만연하기도 한다. 이에 반하여 천주교 교단에서는 한 때 '내 탓이오'라는 스티커를 나눠주며 모든 원인과 발단이 나로부터 시작된다는 캠페인을 벌이기도 했다. 남의 탓을 하다가는 내 뜻과는 다른 어부지리(漁父之利)의 결과를 낳기도 한다. 지금 이 시가 그런 시다. 이정일 시인의 시는 대부분 스토리에 그 근거를 두고 풀어나간다. 그래서 재미가 있다. 문학은 재미가 없으면 독자를 확보하기 어렵다. 뱀이 쥐를 사냥하려 하는데, 뱀의 꼬리는 매번 머리가 잘 못 끌고 가서 쥐를 놓쳤다고 하고, 뱀의 머리는 긴 꼬리 때문에 쥐에게 들켰다고 한다. 그래서 화가 난 뱀의 머리가 꼬리를 보고 네가 먼저 앞으로 가라고 하니 뱀은 농부가 피워놓은 모닥불에 들어가 수난을 당한다. 이 광경을 보고 있던 독수리가 마침내 뱀을 채가고 만다. 황새가 조개를 쪼아 먹으려다가 조개에게 물려 날아가지도 못하고 서로 싸우고 있었다. 때마침 길을 지나던 어부가 이 광경을 보고 손쉽게 황새와 조개를 모두 잡을 수 있었다. 이 고사(故事成語)가 어부지리(漁父之利)의 내용이다. 형제간에 싸우고 부부간에 싸우면 결국 깨지는 것은 화목이고, 이득을 보는 것은 남이 될 수 있음을 경계하는 말이다.

오랜만에 보리밥집에 들렀다
참기름 한 방울 떨어뜨려 고추장을 넣고 쓱쓱 보리밥을 비빈다
문득 깡보리밥만 먹어도 좋다던
보리알 하나 없어 풀만 먹던 보릿고개가 떠오른다
나락농사 지어 보리 익을 때까지 못 가던 시절
덜 여문 보리 베어다 가마솥에 볶아
절구로 찧어 연명하던 시절이 엊그제 같다

마당에 두지 짓고 살며 대단한 유세를 부리던 분들
양식 없어 허덕일 때 유세부리던 그분들
사람이 배 부른 대로 산다면
천년도 더 살아야 할 그분들은 지금 없다

양식 없어 어렵게 살던 사람들의 옳은 말은 헛말되었었다
두지, 짓고 살던 그분들의 말은 그른 말이라도 옳은 말이 되었었다
연세 많아 가시는 길 막을 수 없으나
무엇 때문에 그 후손들도 같이 몰락했는지
선대가 부리던 그 유세 물려받지 못했나 보다

두지, 있던 그 자리 눈을 씻고 찾아봐도 보이지 않는데
보리밥 비벼먹던 어머니만 눈에 선하다

- 「보리밥을 먹으며」 전문

필자의 시나 소설을 읽은 사람들은 나를 나이가 많은 사람으로 안다. 내 시 속에는 배고픈 이야기, 고생한 이야기가 너무나 많이 나오기 때문이다. 보릿고개를 관통한 이정일 시인이야 이런 시를 쓰시는 것이 자연스러운 일이지만, 나는 이정일 시인보다 20년 정도 아래인 사람이니, 저런 사연의 문학을 자주 써온 것에 대한 내 작품의 독자들이 나를 노인으로 취급하는 것은 어쩌면 당연한 일인지 모른다. 그런데 나는 특수한 상황에서 태어났다. 때문에 나의 경험은 보통사람들보다 20여년 정도 뒤쳐진다. 우리 마을은 가운데 3.8선이 지난다. 광복 이전에는 한 나라였지만, 미국과 소련의 잘못된 판단으로 인해 우리나라는 분단되었다. 미국과 소련은 각자 3.8선을 경계로 일본을 몰아낸다는 역할론에 따라 3.8선 이북에는 소련군이 주둔하였고, 3.8선 이남에는 미군이 신탁통치를 했다. 하여 우리나라는 우리나라 사람들의 의지와는 다르게 분단되었고, 그로 인해 우리 마을은 6.25동란 전에는 북한의 공산정치를 받던 마을이었다. 그런 마을에 6.25동란은 나뭇가지 하나 남기지 않고 폐허로 만들었다. 모든 산은 포격으로 가루가 되었고, 포탄과 탄피, 지뢰로 덮여 있어서 매우 위험한 삶을 살았다. 그런 환경 속에 태어난 어린

나는 집이 떠내려가는 수해와 집이 전소되는 화재를 통해 보리밥도 배부르게 먹을 수 없는 환경 속에서 자라난다. 혼식을 강요하던 문교부에 의해 점심시간이 되면 보리밥 검사를 했지만, 깡보리밥을 싸가거나 옥수수밥을 싸가야만 했던 나는 아이러니하게도, 입맛 씁쓸하게도 보리밥 혼식검사에서 자유로웠다. 덜 여문 보리를 가마솥에 불로 덖어 절구로 빻아 밥을 짓던 경험도 했고, 덜 여문 벼를 베어다 수수깡으로 훑어 절구에 빻아 먹던 경험도 했다. 밥사발에는 감자와 콩이 밥알보다 많았고, 감자 옥수수를 주식으로 먹거나 김치죽이나 국수털레기를 밥 먹듯 했다. 그래서 이런 이야기를 들으면 마치 내 이야기를 하는 것 같아 연민의 정을 느낀다. 장려 쌀 한 가마니를 얻어다 먹고 제때에 갚지 못하여 두고두고 가난의 고리가 된 것도 지금 생각하면 가슴 쓰리다. 얼마나 살기가 어려웠으면 엄마가 담임선생님을 찾아가 살기가 너무 힘들다고 하소연을 하셨을까? 주렁주렁 매달린 자식들을 먹이기 위해 짊어졌을 부모님들의 어깨가 얼마나 무거웠을지 생각하면 지금도 눈시울이 붉어진다. 이정일 시인께서 겪으신 보릿고개가 더없이 가슴을 울린다.

이상에서처럼 이정일 시인의 시 몇 편을 읽어보면서 이정일 시인께서 어떻게 살아오셨고, 어떤 마음을 가지고 살아오셨으며, 어떤 꿈을 가지고 계시는지 짚어보았다.

이정일 시인의 시는 수신제가치국평천하(修身齊家治國平天下)의 시(詩)다. 나라를 다스리려거든 먼저 네 이웃을 살피고 네

가정을 살피며 네 몸을 살피라 했다. 내 몸을 갈고 닦아야 나라가 평안하다는 조상님들의 말씀이 구절구절 이 시집에 들어와 보석처럼 박혀있다. 『소학(小學)』과 『동몽선습(童蒙先習)』, 그리고 『노자(老子)』를 읽는 듯한 이정일 시인의 시는 계몽의 속내를 은유라는 시적 기능으로 감추고, 스토리와 해학을 전면에 내세움으로서 흥미라는 문학 본연에 충실한다.

시인이자 서예가며, 색소폰연주가로 활동하고 계신 이정일 시인은 올해 팔순이시다. 옛날 같으면 상노인이지만 지금 이정일 시인은 매우 건강한 몸과 건강한 정신으로 살고 계신다. 젊은 시절 그가 민주산악회 광명시지조직부장과 자유총연맹 광명시지부 사무국장, 경희대학교 교육대학원 서예인문화과정 총동문회장으로 재직하신 것만 보더라도 그동안 이 시인께서 얼마나 적극적인 삶을 살아오셨는지 미루어 짐작할 수 있다. 그는 끊임없이 배우려 노력한다. 지금도 그의 배움은 진행형이다. 서예를 배우고, 색소폰 연주를 배워 일가를 이루셨다. 정말 존경스럽다. 게다가 필자에게 고려대학교 평생교육원에서 시창작을 배운 것을 시작으로 한국문인협회 평생교육원 시창작과에서 강희근 교수님과 이혜선 교수님으로부터 시를 배우고 있다. 정말 그치지 않는 열정으로 존경스럽다는 말이 저절로 입술을 출발한다. 최선을 다해 살아오신 연담 이정일 선생의 건강과 문운을 축원해 드린다.

이 도서의 국립중앙도서관 출판예정도서목록(CIP)은 서지정보유통지원시스템 홈페이지(http://seoji.nl.go.kr)와 국가자료종합목록 구축시스템(http://kolis-net.nl.go.kr)에서 이용하실 수 있습니다.

(CIP제어번호 : CIP2020025963)

이정일 선생 팔순기념시집

 흔적

초판인쇄일 2020년 6월 30일
초판발행일 2020년 7월 10일

지은이 : 이정일
펴낸곳 : 도서출판 문학공원
발행인 : 김순진
편집장 : 전하라
디자인 : 김초롱
등 록 : 2004년 3월 9일 제6-706호
주 소 : (우편번호 130-814)서울 은평구 통일로 633
녹번오피스텔 501호 스토리문학사
전 화 : 02-2234-1666
팩 스 : 02-2236-1666
홈페이지 : http://cafe.daum.net/yob51
이메일 : 4615562@hanmail.net

※ 잘못된 책은 교환해 드립니다.
※ 책값은 뒤표지에 있습니다.